國家圖書館出版品預行編目資料

《太平經》思想研究（上）／段致成 著 — 初版 — 新北市：花
木蘭文化事業有限公司，2020〔民109〕
目 4+146 面：19×26 公分
（中國道教文化研究 初編：第 1 冊）
ISBN 978-986-254-694-9（精裝）
1. 太平經 2. 研究考訂
030.8   100016221

ISBN-978-986-254-694-9

9 789862 546949

中國道教文化研究
初 編 第 一 冊   ISBN：978-986-254-694-9

《太平經》思想研究（上）

作　　者　段致成
總 編 輯　杜潔祥
副總編輯　楊嘉樂
編　　輯　許郁翎、張雅淋　美術編輯　陳逸婷
出　　版　花木蘭文化事業有限公司
發 行 人　高小娟
聯絡地址　235 新北市中和區中安街七二號十三樓
　　　　　電話：02-2923-1455／傳眞：02-2923-1452
網　　址　http://www.huamulan.tw 信箱 hml810518@gmail.com
印　　刷　普羅文化出版廣告事業
初　　版　2020 年 3 月
全書字數　359701 字
定　　價　初編 20 冊（精裝）台幣 40,000 元

《太平經》思想研究（上）

段致成 著

作者簡介

　　段致成（Tuan Chih-ch'eng），1970 年生，台灣台南人。國立臺灣師範大學國文研究所博士。曾任國立臺灣師範大學國文系兼任講師、國立臺北科技大學通識中心兼任助理教授，現職爲國立臺北商業大學通識教育中心專任副教授。

　　研究領域：道教內丹學、道教易學、《周易》象數學與中國思想與文化。

　　著有博士論文：《道教丹道易學研究——以《周易參同契》與《悟眞篇》爲核心的開展》。

　　出版專書：《太平經》思想研究（上）（下）、宋元時期《悟眞篇 · 注》的內丹理論研究——以 翁葆光《悟眞篇 · 注》爲討論核心。

　　單篇論文：〈《抱朴子 · 內篇》中論「儒道關係」初探〉、〈試論金丹南宗張伯端之「內丹」思想與「禪宗」的關係〉、〈修丹與天地造化同途——試論「外丹」與「內丹」派對《周易參同契》的不同詮釋路徑〉、〈俞琰的丹道易學思想研究〉、〈略述《道藏》中「易學」的分布、研究狀況與「道教易學」的定義〉以及〈試論張伯端法脈的傳人與「南宗」法脈的定義〉等。

提　　要

　　本書首先對兩岸三地中國學者往昔《太平經》研究成果（1935 ～ 1999）做出檢討。其次，《太平經》文獻考辨方面，著重在探討與釐清《太平經》一書的「性質」問題、作者及造經方式、有無「底本」與「定本」問題及「成書時間」問題。第三，在《太平經》產生的歷史背景與思想總覽方面，則透過《後漢書》與《太平經》中東漢中晚期之歷史記載，來說明《太平經》的「寫作動機」；並綜合史書與道書中有關《太平經》內容主旨的看法，再結合六十餘年來中國學者關於《太平經》整體思想的概括說法，並結合筆者對《太平經合校》一書的疏理，《太平經》百七十卷的內容主旨可歸納成三個方面：神學思想、宇宙論思想及致太平的治國與治身思想。第四，則探討《太平經》的神學思想（天人一體的神學思想）。第五，著重在《太平經》的宇宙論思想研究（三合相通的宇宙論思想）。第六，論述《太平經》致太平的「治身」與「治國」思想。第七，結論：將本書的重點作一總結性回顧。

目次

第一章　往昔研究成果之檢討
（1935～1998）

　　中國學者對於現存於明《正統道藏》中的《太平經》殘本〔註1〕的研究成果，首見於 1935 年湯用彤先生在《國學季刊》第五卷、第一號所發表的〈讀《太平經》書所見〉一文。至今（1998），研究的歷史已超過一個甲子。在這六十餘年的研究歷史中，王明先生在 1960 年以《正統道藏》本《太平經》殘卷為底本，輯錄《太平經鈔》、《太平經聖君秘旨》及其他二十多種之引文，編成《太平經合校》一書，大體上恢復《太平經》十部、一百七十卷的面貌〔註2〕。也為往後《太平經》的研究者解決了文獻徵引上的問題。

〔註 1〕《太平經》又名《太平青（清）領書》，原分甲、乙、丙、丁、戊、己、庚、辛、壬、癸十部，每部十七卷，共一百七十卷，三百六十六篇。明英宗正統九年（1444）修的《道藏》所收的《太平經》，是現存的唯一本子。可是它殘缺不全，僅存五十七卷；甲、乙、辛、壬、癸五部全佚，其餘五部各亡佚若干卷。詳細情形見於：《正統道藏》第二七三至二七五冊、〈太平部〉受、傳、訓、入四帙中。（台北：藝文印書館影印本，1962 年 6 月）

〔註 2〕王明先生在《太平經合校》一書的凡例曾言：「合校本以明正統《道藏》《太平經》為主，《太平經鈔》及他書所載經文為輔」。（頁 19）又於前言中說：「《道藏》裏有《太平經鈔》，……這是現今可以校補《太平經》的卷帙較多的唯一別本。其它道經類書及古書注間有徵引《太平經》文，現經搜集起來，約計二十七種。有的可部分校勘經文之用，有的無法對勘的，就附存於合校本適當的位置裡。」（頁 1～2）又云：「編者根據《太平經鈔》及其他二十七種引書加以校（在凡例和本文裡標寫〔并〕字）、補、附、存，基本上恢復一百七十卷的面貌。」（頁 1）而除了《太平經鈔》外，其他二十七種書名，見於：〈《太平經合校》引用書目〉（《太平經合校·上冊》，頁 22～24）

第一節　第一階段（1935～1947）

　　對於這六十餘年《太平經》研究的歷史狀態，王平先生曾於 1992 年時，在其《太平經研究》一書中，首探「階段時期」的分法，以時序及研究重心為角度，將六十餘年來《太平經》研究歷史分成三個階段﹝註3﹞。但，筆者認為王平先生的分期法是值得商榷的！

　　首先，王平先生認為「第一階段從一九三〇年至五十年代初」。對於這個說法，筆者認為王平先生並未對第一階段的分法作出具體的說明。也就是說，其並未具體說明第一階段是純粹就中國學者的研究成果來說，還是有所包含日本學者在內。因為如純粹就中國學者來說，湯文發表於 1935 年，而王明〈論《太平經》甲部之偽〉一文發表在 1947 年。此後直到 1955 年，中間有接近十年的時間，中國學者未再有研究《太平經》的論文發表。而如果是包含日本學者的研究成果在內，王平先生的分期法便是無誤的。﹝註4﹞

﹝註3﹞王平先生的《太平經研究》一書是 1992 年北京大學博士論文，後由台北文津出版社於 1995 年 10 月刊出。而在其論文的引言部分，作者將歷年來國內外對《太平經》的研究歷史（1930～1960）大致分成三個階段：第一階段是從 1930～1950 年初，研究重心落實在對《太平經》文獻的考辨疏正上。第二階段是自 1950 年末期至 1960 年中期，研究重心圍繞著《太平經》的階級性質及其與農民戰爭的關係這一核心問題，展開激烈的爭論。第三階段的研究並不侷限於某一特定的範圍和問題，而是對《太平經》的全方位研究。（詳細論述見於：王平《太平經研究》，台北：文津出版社，1995 年 10 月，頁 1～4）

﹝註4﹞就是因為王平先生未對第一階段分法作出具體的說明，因此後來在 1996 年，香港學者黎志添先生在其〈試評中國學者關於《太平經》的研究〉一文中，便作出以下的評論：「王平《太平經研究》認為『第一個階段是從一九三〇到五十年代初』（頁 1），這說法不準確。湯文發表在 1935 年，王文發表在 1947 年。此後直到 1959 年，再沒有中國學者發表研究《太平經》的論文。因此，差不多在整個五十年代，有關《太平經》的研究是沉寂的。」（香港：《中國文化研究所學報》，新第五期，1996 年，頁 298，註 6）從上述，筆者認為：(1)很清楚的，黎志添先生錯解了王平先生的第一階段分法，黎先生以為王平先生是純粹就中國學者而言，但王平先生的說法是包含日本學者的研究成果在內。此說法可由王平先生在第一階段中提出小柳司氣太、福井康順、大淵忍爾等日本學者為證據（詳見於：王平《太平經研究》，1995 年，頁 1～2）。(2)黎志添先生認為：「直到 1959 年，再沒有中國學者發表研究《太平經》的論文。因此，差不多在整個五十年代，有關《太平經》的研究是沉寂的」，此說法是錯誤的！因為在 1955 年大陸學者吳振羽先生（〈在《太平清領書》中所表現的農民的政治教條〉，收載於：吳振羽，《中國政治思想史·下冊》，北京：三聯書店，1955 年，頁 343～346）與 1956 年香港學者饒宗頤先生（〈《想爾注》與《太平經》〉一文，收載於：饒宗頤，《老子想爾注校箋》，香港：Tong

　　基於上述的因素，如採用「階段時期」的分法，而以中國學者的角度出發，總結這六十餘年的《太平經》研究歷史，第一階段應該是從 1935～1947年。湯用彤與王明兩位先生開始對《太平經》的成書時期、版本和內容構成等問題進行研究。湯文考定《太平經》為漢代舊書，其根據大略有三：(1)「依《范書注》及《三洞珠囊》所引《道藏》經中之《太平經》，唐代已有其書。」(2)「現存之經與漢襄楷、晉葛洪及宋范曄所傳相符合。」(3)「《太平經》所載之事實與理論，似皆漢代所已有，而且關於五兵、刑德之說，若非漢人，似不能陳述若是之委悉也。」〔註5〕此文一出，關於《太平經》成書時代問題，基本上已獲得原則上之解決〔註6〕。王文則證明：《道藏》中《太平經鈔‧甲部》乃後人依據《靈書紫文》及《後聖道君列記》所偽補。且更以金丹、符書、文體、暨所用名詞（種民、本起、三界、十方與受記）四點，證明《太平經鈔‧甲部》並非由《太平經》甲部經文節抄而來〔註7〕。如此便澄清了《太平經》文獻上的一個重要問題，並對進一步確認《太平經》的成書時代與正確的理解《太平經》的基本構成內容有相當大的助益。〔註8〕

Nam printers & publishers，1956 年，頁 98～101；另載於：饒宗頤，《老子想爾注校證》，上海古籍出版社，1991 年 11 月，頁 89～91）都曾發表過研究《太平經》的文章。因此在五十年代有關《太平經》的研究並非完全沉寂。且在1959 年大陸學者侯外廬（〈中國封建社會前後期的農民戰爭及其綱領口號的發展〉，《歷史研究》，1959 年四期，頁 49～59）、楊寬（〈論《太平經》──我國第一部農民革命的理論著作〉，《學術月刊》，1959 年 9 月號，頁 26～34）與王戎笙（〈試論《太平經》〉，《歷史研究》，1959 年十一期，頁 47～59）等人亦曾發表過研究《太平經》的文章。

〔註 5〕此引文見於：湯用彤，〈讀《太平經》書所見〉一文，刊於：北京大學，《國學季刊》五卷一號，1935 年，頁 21。

〔註 6〕湯用彤〈讀《太平經》書所見〉一文是發表於 1935 年，之後湯先生又於其所著《漢魏兩晉南北朝佛教史‧上冊》（商務印書館，1938 年 6 月）一書中，又載有關於《太平經》的兩篇文章，即：〈《太平經》與化胡說〉（頁 57～61）與〈《太平經》與佛教〉（頁 104～114）。而經筆者閱讀兩篇文章後，發覺其與〈讀《太平經》書所見〉一文中的第四部分〈《太平經》與道教及佛教〉的內容是大同小異的；故在此便將此兩篇文章等同於 1935 年之文，而不再論述。

〔註 7〕此說法見於：王明，〈論《太平經》甲部之偽〉，《中央研究院歷史語言研究所》第十八本，1947 年，頁 375～384；另收載於：王明，《道家和道教思想研究》，北京：中國社會科學出版社，1984 年，頁 201～214。

〔註 8〕王明先生曾說：「考訂正統《道藏》的《太平經鈔‧甲部》是後人偽撰，其重要意義在於避免發生這樣的錯誤：以《鈔》甲部的內容、術語等定《太平經》的時代。」又云：「《太平經》的成書時代，只能根據《經》的殘卷和除『甲

第二節　第二階段（1955～1966）

其次，王平先生認爲「第二階段自五十年代末至六十年代中期」，此說法顯然是錯誤的！乃因：所謂「五十年代末」，依王平先生的說法應是指侯外廬（〈中國封建社會前後期的農民戰爭及其綱領口號的發展〉）、楊寬（〈論《太平經》——我國第一部農民革命的理論著作〉）與王戎笙（〈試論《太平經》〉）三位先生在 1959 年所發表的文章而言〔註9〕。但依筆者所蒐集到的資料，五十年代關於《太平經》研究的著作中，最早的當屬 1955 年大陸學者吳振羽〈在《太平清領書》中所表現的農民的政治教條〉一文；且王平先生另外又疏漏香港學者饒宗頤先生於 1956 年所發表的〈《想爾注》與《太平經》〉一文。至於「六十年代中期」的說法，王平先生顯然是指 1963 年喻松青先生的著作〔註10〕。但依筆者所蒐集到的資料，王平先生在所謂「第二階段」中，顯然疏漏了許多學者發表研究《太平經》的文章〔註11〕；且犯了最嚴重的錯誤處

部"以外的《太平經鈔》的內容來研究和考證。」（見於：王明，〈論《太平經》的成書時代和作者〉一文，《世界宗教研究》，1982 年一期，頁 19；另收載於：《道家和道教思想研究》，頁 186）

〔註9〕 此說法見於：王平《太平經研究》，頁 2 與頁 7 注釋中，侯文發表於：《歷史研究》，1959 年四期；楊文發表於：《學術月刊》，1959 年 9 月號；王文發表於：《歷史研究》，1959 年十一期。

〔註10〕 此說法見於：王平《太平經研究》，頁 2 與頁 7 注釋中，喻松青〈《太平經》和黃巾的關係〉，《新建設》，1963 年 2 月號。

〔註11〕 這些被王平先生所疏漏的「第二階段」（五十年代末至六十年代中期）研究《太平經》的文章，總共有十五篇之多。包括：(1)王明，《太平經合校》，北京：中華書局，1960 年 2 月；(2)中華書局哲學組，〈史學界討論《太平經》的性質及其與太平道和黃巾起義的關係〉，《人民日報》，1960 年 12 月 15 日；(3)喻松青，〈老子道家與《太平經》〉，《光明日報》，1961 年 6 月 4 日；(4)王明，〈從墨子到《太平經》的思想演變〉，《光明日報》，1961 年 12 月 1 日；另收於：《道家和道教思想研究》，頁 99～107；(5)陳攖寧，〈《太平經》的前因後果〉，《道協會刊》，1962 年一期；另收載於：陳攖寧，《道教與養生》，北京：華文出版社，1989 年 7 月，頁 42～62；(6)熊德基，〈關於《太平經》及其同黃巾等關係的研究〉，《人民日報》，1962 年 9 月 4 日；(7)楊榮國主編，〈農民道教《太平經》的均貧富、等貴賤的大同思想〉，收於：《簡明中國思想史》，北京：中國青年出版社，1962 年，頁 61～65；(8)巨贊，〈湯著《佛教史》關於《太平經》與佛教的商兌〉，《現代佛教》，1962 年六期，頁 13～16；(9)湯用彤、巨贊，〈關於東漢佛教幾個問題的討論〉，《現代佛教》，1963 年二期，頁 8～10；(10)喻松清，〈道教的起源與形成〉，《歷史研究》，1963 年五期，頁 147～164；(11)陳國符，〈《太平經》考證〉，收載於：陳國符，《道藏源流考・上》，北京：中華書局，1963 年，頁 81～89；(12)饒宗頤，〈想爾

是在於介紹「第二階段」時，忽略在關於《太平經》階級性質及其與農民戰爭的關係以外，王明先生在這段時期對《太平經》所作的文獻與校勘工作上的貢獻。換句話說，就是疏略了王明先生在 1960 年輯錄了二十七種引書而編成的《太平經合校》一書與其參考了中共中央文化部在 1963 年所收集到敦煌古寫本《太平經》文字殘頁的資料及英國倫敦博物館藏敦煌經卷中《太平部卷第二》（斯坦因 4226 號）中的手抄《太平經》總目，而相繼發表的〈敦煌古寫本《太平經》文字殘頁〉（1964）與〈《太平經》目錄考〉（1965）兩篇文章。〔註12〕

　　基於上述的原因，筆者認為「第二階段」應該從 1955～1966 年。而其間《太平經》研究發展的方向主要分成兩個方面：

　　其一，即是以「農民戰爭」為論點，探討《太平經》與黃巾起義及太平道的關係；而圍繞著《太平經》的階級性質及其與農民戰爭的關係，展開支持與反對的激烈爭論。在贊成《太平經》反映了農民起義的社會政治思想，是「農民道教的經典」或「農民革命的理論著作」有：1955 年吳振羽先生〈在

九戒與三合義——兼評新刊《太平經合校》〉，《清華學報》新四卷二期，1964年 2 月，頁 76～83；另載於：《老子想爾注校證》，頁 103～113；(13)王明，〈敦煌古寫本《太平經》文字殘頁〉，《文物》，1964 年八期；另收載於《道家和道教思想研究》，頁 238～240；(14)王明，〈《太平經》目錄考〉，《文史》第四輯，1965 年；另收載於《道家和道教思想研究》，頁 215～237；(15)傅勤家，〈《太平清領書》與《太平經》之關係〉，收載於：傅勤家，《中國道教史》，台灣商務印書十三館，1966 年 3 月，頁 57～76。

〔註12〕王平先生認為在「第二階段」（五十年代末至六十年代中期）中，因「農民戰爭問題」受到重視因此關於《太平經》與黃巾起義及太平道的關係，便成為一個研究重點。而研究的方向是圍繞著《太平經》的階級性質及其與農民戰爭的關係，而展開支持與反對激烈爭論（詳細論述見於：王平《太平經研究》，頁 2）。但筆者認為在這個時期，另一方面對《太平經》研究的有意義的進展，是王明先生在 1960 年利用《正統道藏》中《太平經》殘本、《太平經鈔》、以及其他二十多種之引文，所輯錄而成的《太平經合校》一書。另外王明先生參考了中共中央文化部在 1963 年收集到一匹古文物，其中有敦煌古寫本《太平經》文字殘頁。因此在 1964 年王明先生發表了〈敦煌古寫本《太平經》文字殘頁〉一文（詳細說明見於：《文物》，1964 年八期；另收載於《道家和道教思想研究》，頁 238～240）。繼而又參考英國倫敦博物館藏敦煌經卷中《太平部卷第二》（斯坦因 4226 號）中的手抄《太平經》總目（簡稱《敦煌目》），而在 1965 年完成了〈《太平經》目錄考〉一文。詳細論述見於《文史》第四輯，1965 年；另收載於《道家和道教思想研究》，頁 215～237。以上王明先生在這段時期對《太平經》所作的在文獻與校勘工作上的貢獻，王平先生在「第二階段」中卻隻字未提的加以忽略！

《太平清領書》中所表現的農民的政治教條〉一文中，認爲：「《太平清領書》，也成了其時農民階級的"聖經"」（《中國政治思想史・下冊》，1955 年，頁 845），因此「《太平清領書》就是"太平道"的教義」（頁 845），所以「《太平清領書》所表現的政治思想、主張和要求，便只有從"太平道"和"五斗米道"的行動中所表現的一些事跡去考察」（頁 846）；之後在 1959 年侯外廬先生在〈中國封建社會前後期的農民戰爭及其綱領口號的發展〉一文中，稱《太平經》爲「農民道教經典」（《歷史研究》，1959 年四期，頁 47）；此後楊寬先生亦在 1959 年發表〈論《太平經》──我國第一部農民革命的理論著作〉一文中認爲：「《道藏》中的《太平經》，就是"太平道"的經典《太平清領書》。張角所領導的黃巾起義，在理論上就是依據《太平經》的。」（《學術月刊》，1959 年 9 月號，頁 27）其次在 1962 年陳攖寧先生在〈《太平經》的前因後果〉一文中，認爲：「有了《太平經》，就產生了黃巾張角的"太平道"」（《道協會刊》，1962 年一期；另收載於：陳攖寧，《道教與養生》，1989 年 7 月，頁 43），也就是說：「有了《太平經》，而後才有張角的"太平道"；有了"太平道"而後才有黃巾起義。」（頁 52）又在 1962 年楊榮國先生提出〈農民道教《太平經》的均貧富、等貴賤的大同思想〉一文認爲：「我國歷史上第一次利用宗教形式組織起來的大規模的農民起義──黃巾"太平道"的起義……它的教義，我們可以在其經典《太平清領書》中看到。這本書又稱《太平經》」（《簡明中國思想史》，1962 年，頁 61～62），而張角「他所首創的"太平道"就是以《太平經》作爲教義的。」（頁 62）因此作者認爲當我們在研究本書時當「觀察當時農民們怎樣利用了這些合理的因素作爲起義鬥爭的推動力量和組織力量。」（頁 62）之後在 1963 年喻松清先生在〈《太平經》與黃巾的關係──與熊德基同志商榷〉一文中，認爲：「從黃巾和《太平經》的關係來看，可以看出黃巾和《太平經》的思想信仰是一致的。」（《新建社》，1963 年 2 月號，頁 76）且又表示「黃巾與太平道、等著的關係是密切的。」（頁 77）類似的觀點尚見於：吳振羽《簡明中國通史》與侯外廬等著的《中國思想通史・第三卷》兩書，以及袁良義〈黃巾起義的作用和曹操的歷史地位〉和徐知〈漢末農民起義與曹操〉兩篇文章。〔註13〕

〔註13〕吳振羽先生曾云：「黃巾軍在大暴動以前，曾有著一種大規模的組織活動，還有一套相當嚴密的布置計劃。他們的組織叫作"太平道"；據傳還有一種藉教義反映其素樸政綱和思想的"《太平清領書》"，從現在被篡改和僞造的

　　而以王戎笙、熊德基兩位先生爲代表，持截然反對態度的一方，就認爲《太平經》的根本思想傾向是維護封建等級制度、是維護統治階級的利益，所以它並不是一部「農民道教的經典」，更說不上是「農民革命的理論著作」。且其與「黃巾起義」亦是毫無關係的。王戎笙先生在其〈試論《太平經》〉一文中認爲《太平經》無非是：「（一）爲君權神授作辯護，宣揚忠君思想；（二）爲森嚴的等級制度作辯護，宣揚安貧樂賤；（三）掩蓋貧困飢寒的眞正原因，爲剝削制度作辯護；（四）仇恨農民起義，用宗教教義麻痺群眾的鬥爭意識，並主張採用武力鎮壓農民起義。」因而認爲《太平經》「這樣一些反動內容的宗教教義，可以稱之爲"農民革命的理論著作"嗎？」（《歷史研究》，1959 年十一期，頁 52）且又云：「要把《太平經》說成是"農民道教的經典"，說成是"農民革命的理論著作"我是不敢同意的。」（頁 56）進而更提出十種理由說明《太平經》與「黃巾起義」兩者是截然不同的（見於頁 55）；最後作者作了結論說：即使《太平經》思想「帶有濃厚的宗教色彩……但對於這些思想，不能作過高的評價。一則因爲這些思想在《太平經》中並不是主要的……；再則因爲它們並沒有越出統治階級的利益所許可的範圍，算不上是什麼革命的思想。與其說它無損於統治階級的利益，倒不如更確切些說，它更有利於鞏固統治。」（頁 59）而熊德基先生在其〈《太平經》的作者和思想及其與黃巾和天師道的關係〉一文中，著重把《太平經》的思想與黃巾的信仰作比較，認爲「《太平經》與黃巾的思想絕不相似，而是兩種敵對的階級意識的反映。《太平經》也與黃巾等無關。」（《歷史研究》，1962 年四期，頁 22）最後在結論時稱：「《太平經》是干吉與襄楷等作，最初可能流傳於江東的統治集團，

───────────────────────

　　　"《太平清領書》"中，還可看出一些原始社會主義思想的因素。」（《簡明中國通史》，北京人民出版社，1955 年 6 月，頁 240～241）而侯外廬先生認爲張角的教法在「現存的《太平經》中多少可以找到一些影子」，且《太平經》「也片斷地透露出起義農民的反抗意識及其對統治階級的咒詛與仇恨。」（《中國思想通史・第三卷》，北京人民出版社，1962 年 11 月，頁 266）又袁良義在其〈黃巾起義的作用和曹操的歷史地位〉一文中認爲「張角的太平道教義是從《太平經》或《太平清領書》裡來的；現從道藏中保存的殘本《太平經》看來，張角等奉行的這種原史道教的政治思想基本上是一種小農的平均主義思想。」（《人民日報》，1959 年 5 月 22 日）之後徐知先生在〈漢末農民起義與曹操〉一文中曾云：「太平道的"太平"，是和"黃天"聯結著的。黃，就是受統治者五德終始說所影響，而以土德（尚黃）代火德（尚赤）的象徵；天，就是實現太平，寄寓于《太平經》中的世界。」（《光明日報》，1959 年 6 月 25 日）

與黃巾及張修等"妖賊"無關。……因此，它從來不是農民道教的經典，自然更說不上"農民革命的理論著作"。」（頁 25）〔註 14〕

其二，即是以王明先生為首，在《太平經》的文獻、校勘與考證工作上作出具體的貢獻。

首先，王明先生在 1960 年，根據《太平經鈔》及其他二十多種引書加以校、補、附、存，而編成《太平經合校》一書，基本上已恢復《太平經》、一百七十卷的面貌〔註 15〕。此書一出，大體上已解決了關於《太平經》文獻徵

〔註 14〕 熊德基先生〈《太平經》的作者和思想及其與黃巾和天師道的關係〉一文，除了反對《太平經》為「農民道教經典」、「農民革命的理論著作」與黃巾起義的關係外，另外又提出《太平經》的體制及作者」這一命題，認為《太平經》今存五十七卷殘經，儘管是經過改竄拼湊而成的，但體制上仍然可以加以區別，而分為「問答體」、「散文體」和「對話體」等三類。它們的基本思想雖大體上一致，但「問答體」的經文是出於襄楷之手，而「散文體」和「對話體」的經文則是干吉、宮崇等所作（以上說法見於：《歷史研究》，1962 年四期，頁 8～15）。此外值得一提的是：喻松清先生在〈《太平經》與黃巾的關係——與熊德基同志商榷〉一文中，認為熊德基先生〈《太平經》的作者和思想及其與黃巾和天師道的關係〉一文中稱「《太平經》與黃巾的思想絕不相似，而是兩種敵對的階級意識的反映」的說法是難以成立的。於是針對熊德基先生所提出的六條具體理由一一加以駁斥，並認為黃巾和《太平經》的思想是一致。最後在結論時稱：「熊德基同志把黃巾起義、太平道、《太平經》截然分隔，認為它們的思想絕不相似，是兩個敵對的階級意識的反映，卻和熊德基同志所批評的一些同志的立論的前提一樣，認為封建社會中的起義農民可以完全擺脫封建思想的支配，而有它自己的與封建思想相對立的理論體系。所不同的只是對《太平經》的估計。一者是美化《太平經》以提高農民的思想水平，一者是貶低《太平經》以誇大農民的覺悟，兩者都對古代的農民過分地理想化了。」（以上說法見於：《新建社》，1963 年 2 月號，頁 75～81）又中華書局哲學組，於 1960 年發表〈史學界討論《太平經》的性質及其與太平道和黃巾起義的關係〉一文，其中除了陳述「《太平經》與太平道及黃巾起義的關係」支持與反對的兩種說法；另外又提及第三種說法，認為：「《太平經》並非一人一時所作，所以其內容是雜糅不純、自相矛盾的。」（此說法見於：《人民日報》，1960 年 12 月 15 日）

〔註 15〕 王明先生曾於《太平經合校・前言》處，說明為什麼要使用「校、補、附、存」四種體例來整理《太平經》這部書的理由，乃因：「《太平經》書由於文字訛脫、篇章殘缺過多，而《太平經鈔》又只是一個節鈔的本子，加上一些從各書輯得的《太平經》引文，要想恢復它的全貌，事實上是不可能的了。正是由於這個情形，要想把它整理成為一部比較可讀的書，就得採用多種的辦法。」（頁 16）因此，王明先生便採用了「校、補、附、存」四種方法來輯錄《太平經》這部書。而關於「校、補、附、存」四種方法的說明，見於：《太平經合校・前言》，頁 16～17 及《太平經合校・凡例》，頁 19。

引上的問題；而往後中國學者大都根據「合校本」作為研究《太平經》時的主要徵引、參考資料本。其次，王明先生又於 1964 年利用中共中央文化部在 1963 年所收集到一批古文物中的敦煌古寫本《太平經》文字殘頁的資料，而完成〈敦煌古寫本《太平經》文字殘頁〉一文，其中判定「由於這片敦煌古寫本道經殘頁的發現，從而推知《神品經》撰集的約略年代是南北朝中晚期。」（《道家和道教思想研究》，頁 239）所以「敦煌古寫本《太平經》文字的發現，它的功用，不僅可以校勘《神品經》，而且可推測其它一些古道經成書的約略年代，這些都說明它在學術上的價值。」（頁 240）之後在 1965 年王明先生參考英國倫敦博物館藏的敦煌經卷中《太平部卷第二》（斯坦因 4226 號）中的手抄《太平經》總目（簡稱《敦煌目》），與參定正統《道藏》本《太平經》、《太平經鈔》可能找出的篇目及《太平經合校》總目，完成了〈《太平經》目錄考〉一文。在文中作者分別指出：「合校本」目錄與《敦煌目》中之錯誤，並對「合校本」目錄中〈闕題〉部分依《敦煌目》加以移錄補充。並在結尾時作了以下的結論：「一、敦煌出《太平經》目錄是現今所見相當完整的目錄，但還存在著嚴重的文字訛謬和脫漏現象。而且有的《太平經》篇目，還不見於《敦煌目》，如《道藏》言字號《金鎖流珠引》卷十五注引《太平經·內品修真秘訣》就是一個顯明的例子。二、明正統《道藏》本《太平經》殘卷的篇目雖則不多，但是其中大多數篇目的文字可以校正《敦煌目》的訛謬和脫漏。說明《敦煌目》和《道藏》本《太平經》篇目可以相須為用。三、據《敦煌目》，間能在《太平經鈔》裡找出若干有關的篇目，但無法找齊。四、據《敦煌目》，更進一步地證實了《太平經鈔》甲部之偽的說法。五、據《敦煌目》，可知《太平經鈔》癸部實際上就是《太平經鈔》甲部的基本內容。今將《太平經鈔》癸部劃歸經文甲部以後，癸部經文早以全佚，空餘敦煌篇目，而什麼內容的文字都看不見了。我從前考證《太平經鈔》甲部之偽時，總是記掛著甲部經文全無著落。現在甲部有了著落，轉而記掛癸部經文完全沒有著落了。這個記掛，盼不久的將來，能夠發現新的材料來解決它。」（《道家和道教思想研究》，頁 236～237）〔註16〕此文一出，可說是對《太平經》目錄作出

〔註16〕王明先生之所以參考《敦煌目》，其動機有二：(1)「《道藏》本《太平經》和《太平經鈔》兩書都沒有總的目錄，拙編《太平經合校》（中華書局，1960年出版）依據《太平經》殘存的篇目和《太平經鈔》裡可以鉤稽出來的篇名，從卷一至卷一百七十，編了一個總目。凡有篇即標目，不能確定題目的則書〈闕題〉。由於《太平經鈔》節錄經文，不一定每篇必錄，而所節錄的文章，

修訂（指「合校本」而言）；也是目前爲止《太平經》最完整的目錄。

其次，陳攖寧先生在 1962 年發表的〈《太平經》的前因後果〉一文，認爲：漢朝時有三種《太平經》，即：《天官歷包元太平經》十二卷、《太平洞極經》一百四十四卷與《太平清領書》一百七十卷。而「第一，《太平經》是個簡稱，是于吉的《太平青領書》和張道陵的《太平洞極經》兩種的混合物，作於東漢時代，比較其他道經最先出世，若要研究道教經典來源，此書應該首屈一指。第二，東漢的《太平經》又脫胎於西漢的《天官歷包元太平經》，此書當初只有十二卷，因爲秘密相傳，日久年深，漫無稽考，傳經者各自運用手腕，逐漸地使它篇幅擴大，數量曾加，遂成爲後來的一百七十卷之巨著。第三，西漢的《天官歷包元太平經》，又是根據秦漢之交燕齊一帶海上方士所傳授的資料而編寫出來的，他們的老祖師就是戰國時代以談天說地、名重諸侯的齊國稷下人騶衍。」（詳細論述見於：《道協會刊》，1962 年一期；另收載於：陳攖寧，《道教與養生》，北京：華文出版社，1989 年 7 月，頁 42～50）而陳國符先生在 1963 年，發表〈《太平經》考證〉一文，對「于吉《太平經》」及「張陵《太平洞極經》」這兩命題，作出考證與說明。（詳細論述見於：陳國符，《道藏源流考·上》，北京：中華書局，1963 年，頁 81～89）〔註 17〕

又不一定裸露經文的題旨，所以依據《太平經鈔》編目是有困難的，而且所編的部分目錄也未必能夠完全符合《太平經》原有篇目的情況。這說明依仗《太平經鈔》補足《太平經》缺佚的篇目殆爲不可能之事。」（《道家和道教思想研究》，頁 215）(2)因爲「《敦煌目》的優點在於它的完整性」（頁 216），所以「大體說來，是現今所見相當完整的目錄。它的功用，一則可以跟《太平經》殘存的篇目作比較，二則可以窺見《太平經》本文遺缺的篇目。」（頁 215）另外值得一提的是：王明先生在 1961 年曾發表過〈從墨子到《太平經》的思想演變〉一文，但由於其論述大致是說明：《太平經》中有關社會政治的一部分言論是從墨子思想演變來的。與作者後來在文獻及校勘工作上的論述方向迥異，所以筆者並未加以探討、說明。（見於：《光明日報》，1961 年 12 月 1 日；另收載於：《道家和道教思想研究》，頁 99～107）

〔註 17〕在《太平經》的文獻、校勘與考證工作上作出具體貢獻者，除王明、陳攖寧與陳國符三人外，另外尚有：饒宗頤、巨贊與傅勤家等三人。饒宗頤先生在 1956 年發表〈《想爾注》與《太平經》〉一文，認爲《想爾注》中關於「太平」、「守一」、「中和」與「合五行」等語，大部分是取《太平經》中之說以解《老子》（詳細論述見於：饒宗頤，《老子想爾注校箋》，香港：Tong Nam printers & publishers，1956 年，頁 98～101；另載於：饒宗頤，《老子想爾注校證》，上海古籍出版社，1991 年 11 月，頁 89～91）。又饒宗頤先生在 1964 年發表〈想爾九戒與三合義——兼評新刊《太平經合校》〉一文，其中對王明先生《太平經合校》一書提出批評，認爲「合校本」未能參考《敦煌目》，所以在「合校

第三節　第三階段（1972～1989）

　　再者，王平先生對於「第三階段」，並沒有明確地標示出年代起迄來；不過從其正文及注釋中的引用資料來看，第三階段大致是從「1977～1989年」〔註18〕。而這個說法顯然是有待商榷的！原因是：如純粹以中國學者的角度來看（不包括法國、德國及日本的學者在內），王平先生「第三階段」應是從「1980～1989年」〔註19〕。而這個說法顯然是錯誤的！乃因：據筆者所蒐集到的資料，早在1972年饒宗頤先生便發表了〈《太平經》與說文解字〉一文（收載於：《大陸雜誌》四十五卷六期，1972年；另收載於：《饒宗頤史學論著選》，上海古籍出版社，1993年，頁258～265）；又卿希泰先生於1979年亦發表過〈《太平經》的知人善任思想淺析〉一文（收載於：《思想戰線》，1979

　　本」的總目上「每卷諸多闕題」，且對其「篇名」亦多所指責（詳細論述見於：《清華學報》新四卷二期，1964年2月，頁82；另載於：《老子想爾注校證》，頁112～113）。其次，巨贊法師於1962年發表〈湯著《佛教史》關於《太平經》與佛教的商兌〉一文，其中對〈湯著《佛教史》中關於《太平經》中的「四毀之行」指為佛教徒的說法，認為是錯誤的，並加以舉證駁斥（詳細論述見於：《現代佛教》，1962年六期，頁13～16）。之後，於1963年在〈關於東漢佛教幾個問題的討論〉一文中，湯用彤先生針對巨贊法師於1962年所提出的質疑加以說明與反駁；而巨贊法師亦回覆湯用彤所提出的反駁說法（詳細論述見於：《現代佛教》，1963年二期，頁8～10）。此二文可說是湯用彤先生與巨贊法師針對《太平經》中的「四毀之行」是否是指「佛教徒」的論點而展開的論辯，因而可視為是對《太平經》中的「四毀之行」進行考證與說明。最後關於傅勤家先生於1966年發表的〈《太平清領書》與《太平經》之關係〉一文，作者在文中強調其文是移譯日本學者小柳司氣太考證的研究成果，因此筆者亦附於此處。（詳細論述見於：傅勤家，《中國道教史》，台灣商務印書館，1966年3月，頁57～76）

〔註18〕王平先生的「第三階段」年代起迄，可由其《太平經研究》中〈引言〉的頁4，及頁7～8中的注釋(10)、(11)、(12)、(13)、(14)、(15)、(16)、(17)得知其第三階段是由1977年法國學者康德謨（Max Kaltermork）於第二次國際道教學會上宣讀的〈《太平經》的理論〉一文為起，而以1989年劉序琦先生發表的〈再論《太平經》思想的幾個問題〉一文為止。所以王平先生所說的「第三階段」，應是從「1977～1989年」。

〔註19〕王平先生第三階段中，如除去法國學者康德謨在1977年發表的〈《太平經》的理論〉一文、德國學者坎德爾於1978年所發表的〈宇宙模式及其社會影響——《太平經》中的自然科學〉一文（見《太平經研究》，頁4）及日本學者在八十年代發表的一系列論文（見於《太平經研究》，頁8中注釋(17)）；那第三階段應是由中國學者卿希泰於1980年發表的〈試論太平經的烏托邦思想〉一文為首，而以劉序琦於1989年發表的〈再論《太平經》思想的幾個問題〉一文為止。所以第三階段年代的起迄應是從「1980～1989年」。

年二期，頁 43～47）；且在所謂的「第三階段」（1980～1989）中，王平先生明顯地疏漏了許多學者所發表研究《太平經》的文章〔註 20〕；因而，筆者認爲其在陳述「第三階段」的內容時，顯然是不夠全面的。〔註 21〕

基於上述原因，筆者認爲「第三階段」應是從「1972～1989 年」。而其間《太平經》研究的發展方向主要分成兩個方面：

其一，即是延續第二階段時（六十年代初）有關《太平經》的性質與「農民戰爭」及其與黃巾太平道的關係這個論點，而於 1980 年初，中國學者重新展開正反兩方的論述。其中以卿希泰與劉琳兩位先生的相互對立、相反論證的觀點爲代表。卿希泰先生認爲《太平經》「反映了當時農民群眾的願望與要求，使之成爲農民起義的思想武器。」（《社會科學研究》，1980 年二期，頁95）而「道教在當時下層民眾中流行很廣。它成了漢末農民起義的一種組織形式，而《太平經》便是當時農民起義的思想武器。」（頁 98）類似的觀點尚見於：馮達文、孫達人、李養正、辛玉璞、沈善洪、陳瑛與陳正炎等人的著作中〔註 22〕。而劉琳先生卻認爲「維護封建等級制度，特別是維護這個制度

〔註 20〕 這些被王平先生所疏漏的「第三階段」（1980～1989）中研究《太平經》的文章，總共有四十五篇之多。詳細內容見於：第一章附錄〈海峽兩岸中國學者《太平經》研究論著目錄（1935～1998）〉中 no. 29～93 之資料（此四十五篇之資料可由 no. 29～93 之資料與王平先生「第三階段」中之資料相比較而得知）。

〔註 21〕 王平先生在陳述「第三階段」的內容時，將整個時期分成兩個方向來論述：其一，即是《太平經》的性質及其與農民戰爭及黃巾太平道的關係；其二，即是對《太平經》思想的宏觀與微觀研究，包括：哲學思想、具體學說及其與科學的關係。在第一個方向中，王平先生提出以卿希泰、馮達文、李養正與鍾肇鵬等四人所代表的贊成《太平經》的性質是與農民戰爭及黃巾太平道有關的。而持反對的態度，認爲《太平經》的根本思想是維護封建統治階級的利益而與黃巾太平道無關的，則是劉琳、劉序琦、朱伯崑三人。在第二個方向中，作者提出包括：卿希泰、魏啓鵬、丁貽莊、李養正、李家彥、劉冬梅、陳靜等人，對於《太平經》中的哲學思想、具體學說及其與科學的關係所發表的文章（詳細內容見於：《太平經研究》，頁 3～4、7～8 中的注釋 10、11、12、13、14、15、16）。不過，因爲作者本身在「第三階段」中疏漏了許多學者所發表研究《太平經》的文章（見於第一章附錄），所以顯然其論述是不夠全面的。

〔註 22〕 這些類似的觀點尚見於：(1)馮達文，〈太平經剖析——兼談《太平經》與東漢末年農民起義的若干思想聯繫〉，《中山大學學報》，1980 年三期，頁 1～12。(2)孫達人，〈《太平清領書》和太平道〉，收於：《中國農民戰爭史論叢・第二輯》，河南人民出版社，1980 年 11 月，頁 112～137；〈《太平清領書》及其思想〉，收載於：孫達人，《中國古代農民戰爭史・一卷》，陝西人民出版社，1980

的體現者、地主階級的總代表皇帝的權位，是《太平經》的一個基本思想。」
（〈論《太平經》的政治傾向──兼與卿希泰同志商榷〉，《社會科學研究》，
1981 年四期，頁 90）而「維護封建等級制度和封建君權，宣揚封建倫理道德，
反對農民起義，企圖鞏固日益衰朽的東漢王朝和日益不穩的封建統治秩序，
這就是《太平經》的根本立場，這就是《太平經》的政治思想核心。」（頁 92）
因此作了如下的總結：「《太平經》的政治思想代表的是地主階級中下層的利
益和要求。它一方面極力維護封建制度和封建秩序，反對農民革命；另一方
面又對宦官、外戚集團的腐朽統治表示不滿，主張經濟改良，這就是《太平
經》在政治上的兩面性。在這兩方面當中，維護封建統治乃是主要的、決定
性的一面；因為不滿於執政集團的腐朽，主張政治改良，歸根結蒂還是為了
維護封建統治。因此，儘管《太平經》的個別觀點在客觀上反映了人民的呼
聲，但說它提出了"農民革命的綱領"，是違背事實的。」（頁 96）類似的觀
點亦見於：楊曾文、鍾肇鵬、金春峰、劉序琦、朱伯崑、王成竹與牟鍾鑒等
人的文章〔註 23〕。而在與「太平道」關係上，以鍾肇鵬與朱伯崑兩位先生為

年 9 月，頁 167～177；〈《太平清領書》和太平道〉，收載於：《中國古代農民
戰爭史・一卷》，1980 年 9 月，頁 177～188。(3)卿希泰，〈《太平經》中反映
農民願望的思想不能抹殺──答劉琳同志〉，《社會科學研究》，1981 年五期，
頁 101～110。(4)李養正，〈論《太平經》的人民性〉，《中國哲學史研究》，1985
年二期，頁 68～74；另收載於：《道教經史論稿》，頁 90～99。(5)沈善洪、
王風賢，〈《太平經》中反映農民勞動者的道德觀念〉，收載於：《中國倫理學
說史・上》，浙江人民出版社，1985 年 4 月，頁 504～525。(6)陳瑛等著，〈《太
平經》中記載的農民的倫理思想〉，收載於：《中國倫理思想史》，貴州人民出
版社，1985 年 4 月，頁 305～310。(7)陳正炎、林其錟，〈萬年太平的理想與
實踐〉，收載於：《中國古代大同思想研究》，上海人民出版社，1986 年，頁
140～154。(8)辛玉璞，〈關於《太平經》的民主思想〉，《西北大學學報》，1989
年二期，頁 63～67。

〔註 23〕 這些類似的觀點尚見於：(1)楊曾文，〈道教的創立和《太平經》〉，《世界宗教
研究》，1980 年八期，頁 115～122。(2)鍾肇鵬，〈論《太平經》和太平道〉，
《文史哲》，1981 年二期，頁 79～85。(3)劉琳，〈再談《太平經》的政治傾
向──答卿希泰同志〉，《社會科學研究》，1982 年二期，頁 101～104。(4)金
春峰，〈讀《太平經》〉，《齊魯學刊》，1982 年二期，頁 22～28；〈《太平經》
的思想特點及其與道教的關係〉，收載於：《漢代思想史》，北京：中國社會科
學出版社，1987 年，頁 526～558。(5)劉序琦，〈略論《太平經》思想的幾個
問題〉，《江西師院學報》，1983 年三期，頁 37～44；〈再論《太平經》思想的
幾個問題〉，《江西師範大學學報》（哲社），1989 年一期，頁 51～57。(6)朱
伯崑，〈張角與《太平經》〉，《中國哲學・第九輯》，1983 年四期，頁 169～190。
(7)任繼愈，〈早期道教在社會上層的傳佈與興國廣嗣之術的《太平經》〉，收

代表，亦存在著正反兩方的意見。鍾肇鵬先生表示「太平道利用了原始道教
《太平經》中一些宗教儀式來進行宣傳、組織、團結群眾。」（〈論《太平經》
和太平道〉，《文史哲》，1981 年二期，頁 81）並認爲「太平道是揚棄《太平
經》裡大量的封建思想內容，採用並突出其中少量具有平均、平等思想的部
分，把《太平經》簡化，利用了《太平經》中某些辭語和道教的形式來作爲
發動農民、組織群眾起義的工具。」（頁 83）類似的觀點尚見於：卿希泰、王
明、李養正、孫達人、沈善洪、陳瑛、陳正炎、金春峰、與王成竹等人的著
作中〔註24〕。而朱伯崑先生則認爲「就現在傳流下來的《太平經》的內容看，
張角領導的農民起義，是同《太平經》的教義對立的。從哲學史的角度看，
黃巾起義軍不僅沒有宣揚《太平經》的宗教教義，相反，沉重地打擊了這部
典籍的神學體系。」（〈張角與《太平經》〉，《中國哲學·第九輯》，1983 年四
期，頁 169）並表示雖然「"太平道"這一組織的名稱是從《太平清領書》來
的，天、地、人三公的稱號也是取自《太平經》。但張角提出的"太平"，同

載於：任繼愈，《中國哲學發展史·秦漢》，北京人民出版社，1985 年 2 月，
頁 656～682。(8)王成竹，〈《太平經》〉，收載於：商聚德、石倬英主編，《中
國哲學名著簡介》，河北人民出版社，1985 年 10 月，頁 185～190。(9)牟鍾
鑒，〈《太平經》與《周易參同契》〉，收載於：《中國宗教與文化》，1989 年，
頁 223～236；另載於：任繼愈主編，《中國道教史·上》，台北：桂冠圖書公
司，1991 年，頁 21～34。

〔註24〕 這些相同的觀點亦見於：(1)卿希泰，〈《太平經》中反映農民願望的思想不能
抹殺——答劉琳同志〉，《社會科學研究》，1981 年五期，頁 101～110；〈天
官歷包元太平經〉的宗教神學特徵〉·〈《太平清領書》的來歷及其主要思想〉，
收載於：《中國道教史·第一卷》，四川人民出版社，1988 年，頁 85～123。
(2)孫達人，〈《太平清領書》和太平道〉，收載於：《中國古代農民戰爭史·一
卷》，1980 年 9 月，頁 177～188。另載於：《中國農民戰爭史論叢·第二輯》，
1980 年 11 月，頁 125～137。(3)王明，〈論《太平經》的思想〉，收載於：《道
家和道教思想研究》，1984 年，頁 108～138。(4)李養正，〈從《太平經》看
太平道的社會政治思想〉，《道協會刊》，1984 年十三期；另收載於：《道教經
史論稿》，頁 66～89。(5)陳瑛等著，〈《太平經》中記載的農民的倫理思想〉，
收載於：《中國倫理思想史》，貴州人民出版社，1985 年 4 月，頁 305～310。
(6)沈善洪、王鳳賢，〈《太平經》中反映農民勞動者的道德觀念〉，收載於：《中
國倫理學說史·上》，浙江人民出版社，1985 年 4 月，頁 504～525。(7)陳正
炎、林其錟，〈萬年太平的理想與實踐〉，收載於：《中國古代大同思想研究》，
上海人民出版社，1986 年，頁 140～154。(8)金春峰，〈《太平經》的思想特
點及其與道教的關係〉，收載於：《漢代思想史》，北京：中國社會科學出版社，
1987 年，頁 526～558。(9)王成竹，〈《太平經》〉，收載於：商聚德、石倬英主
編，《中國哲學名著簡介》，河北人民出版社，1985 年 10 月，頁 185～190。

《太平經》宣揚的"太平"，卻是兩回事。起義農民把使用暴力推翻漢王朝的統治，建立自己的政權看成"天下太平"。這種"太平"正是對《太平經》鼓吹的"欲使帝王立致太平"的否定。」（頁 176）而類似的觀點尚見於：劉琳、劉序琦、任繼愈等人的文章中。〔註25〕

　　從以上的論述，我們可以這樣概說：八十年代「卿希泰」對「劉琳」與「鍾肇鵬」對「朱伯崑」之間的相互對立、相反論證的觀點，基本上是重複運用過去「第二階段」中「楊寬」對「王戎笙」、「侯外廬」對「熊德基」與「熊德基」對「喻松清」之間爭辯的正反觀點。

　　其二，即是轉而對《太平經》的個別主題、問題及思想內容作出具體的研究。而其類別大致可分成：成書問題、哲學思想與神學、具體學說、政治問題、醫學與易學等六大項目。在成書問題方面，主要是圍繞在《太平經》與《天官曆包元太平經》及《太平洞極經》的關係、《太平經》出現的歷史因素及來歷、成書的時代及作者、成書的的過程與方式、史書中記載的內容與歷代卷帙變化情形〔註26〕。而在哲學思想與神學方面，主要在論述：宇宙論

〔註25〕這些類似的觀點尚見於：(1)劉琳，〈再談《太平經》的政治傾向——答卿希泰同志〉，《社會科學研究》，1982 年二期，頁 101～104。(2)劉序琦，〈略論《太平經》思想的幾個問題〉，《江西師院學報》，1983 年三期，頁 37～44；〈再論《太平經》思想的幾個問題〉，《江西師範大學學報》（哲社），1989 年一期，頁 51～57。(3)任繼愈，〈早期道教在社會上層的傳佈與興國廣嗣之術的《太平經》〉，收載於：任繼愈，《中國哲學發展史・秦漢》，北京人民出版社，1985 年 2 月，頁 656～682。

〔註26〕詳細論述見於：(1)卿希泰，〈《太平清領書》的出現及其意義〉，收載於：卿希泰，《中國道教思想史綱・第一卷》，成都：四川人民出版社，1980 年 9 月，頁 31～94；〈《天官曆包元太平經》的宗教神學特徵〉・〈《太平清領書》的來歷及其主要思想〉，收載於：《中國道教史・第一卷》，四川人民出版社，1988 年，頁 85～123。(2)王明，〈論《太平經》的成書時代和作者〉，《世界宗教研究》，1982 年一期，頁 17～26；另收載於：《道家和道教思想研究》，頁 183～200。(3)金春峰，〈讀《太平經》〉，《齊魯學刊》，1982 年二期，頁 22～28；〈《太平經》的思想特點及其與道教的關係〉，收載於：《漢代思想史》，北京：中國社會科學出版社，1987 年，頁 526～558。(4)湯一介，〈關於《太平經》成書問題〉，《中國文化研究集刊》第一期，1984 年，頁 168～186；另收載於：湯一介，《中國傳統文化中的儒釋道》，北京：中國和平出版社，1988 年 10 月，頁 139～160。(5)任繼愈，〈早期道教在社會上層的傳佈與興國廣嗣之術的《太平經》〉，收載於：任繼愈，《中國哲學發展史・秦漢》，北京人民出版社，1985 年 2 月，頁 656～682。(6)李養正，〈《太平經》與《老子想爾注》〉，收載於：李養正，《道教基本知識》，中國道教協會編印，1985 年 10 月，頁 125～129；及李養正，《道教概論》，北京：中華書局，1989 年，頁 337～344；

（天、道、元氣、一、陰陽、四時、五行）、宇宙模式（三統共生、三一爲宗）、
神學思想（天人感應、天人合一、善惡報應説、神仙鬼性質、身中神、五臟
神）與長生成仙的理論及方術（成仙方法、形神關係、守一、精氣神、符咒
祈禳諸術及修持仙道諸方術）〔註27〕。在具體學説方面，深入地探討「眞道」、
「元氣」、「氣」概念、「三合相通」、「以十概全」、「倫理道德」、「守一」、「生
死、形神」問題與「承負報應」等觀念在《太平經》中的具體意義〔註 28〕。

〈甘忠可與《包元太平經》〉，收載於：李養正，《道教概論》，1989 年 2 月，頁 15～18；〈于吉與《太平青領書》之出現〉，收載於：李養正，《道教概論》，1989 年 2 月，頁 18～22。(7)陳攖寧，〈《太平經》〉，收載於：陳攖寧，《道教與養生》，1989 年 7 月，頁 139～143。

〔註27〕 詳細論述見於：(1)饒宗頤，〈《太平經》與説文解字〉，《大陸雜誌》四十五卷六期，1972 年；另收載於：《饒宗頤史學論著選》，上海古籍出版社，1993 年，頁 258～265。(2)卿希泰，〈《太平清領書》的出現及其意義〉，收載於：卿希泰，《中國道教思想史綱・第一卷》，成都：四川人民出版社，1980 年 9 月，頁 31～94；〈《太平經》的哲學思想〉，《四川師院學報》，1980 年一期，頁 9～18；〈《天官歷包元太平經》的宗教神學特徵〉・〈《太平清領書》的來歷及其主要思想〉，收載於：《中國道教史・第一卷》，四川人民出版社，1988 年，頁 85～123。(3)吳樹明，〈試論《太平經》〉，《河北師範大學學報》，1981 年三期，頁 9～34。(4)李養正，〈從《太平經》看早期道教的信仰與特點〉，《道協會刊》，1982 年十期；另收載於：李養正，《道教經史論稿》，北京：華夏出版社，1995 年 10 月，頁 42～65。(5)金春峰，〈讀《太平經》〉，《齊魯學刊》，1982 年二期，頁 22～28；〈《太平經》的思想特點及其與道教的關係〉，收載於：《漢代思想史》，北京：中國社會科學出版社，1987 年，頁 526～558。(6)王明，〈論《太平經》的思想〉，收載於：《道家和道教思想研究》，1984 年，頁 108～138。(7)任繼愈，〈早期道教在社會上層的傳佈與興國廣嗣之術的《太平經》〉，收載（於：任繼愈，《中國哲學發展史・秦漢》，北京人民出版社，1985 年 2 月，頁 656～682。(8)李剛，〈漢代道教哲學簡論〉，《求索》，1989 年六期，頁 66～72。(9)祝瑞開，〈《太平經》的三統神學和太平理想〉，收載於：祝瑞開，《兩漢思想史》，上海古籍出版社，1989 年，頁 333～353。(10)陳攖寧，〈《太平經》〉，收載於：陳攖寧，《道教與養生》，1989 年 7 月，頁 139～143。

〔註28〕 詳細內容見於：(1)李家彥，〈《太平經》的元氣論〉，《宗教哲學》，1983 年四期，頁 11～16 及《中國哲學史研究》，1984 年二期，頁 52～58；〈《太平經》的三合相通説〉，《宗教學研究》，1985 年一期，頁 27～31；〈《太平經》中以十概全的思想〉，《宗教學研究》，1987 年三期，頁 6～9；〈《太平經》與《聖經》倫理思想之比較〉，《宗教學研究》，1989 年三至四期，頁 1～6。(2)陳靜，〈《太平經》中的承負報應思想〉，《宗教學研究》，1986 年二期，頁 35～39。(3)丁貽庄、劉冬梅，〈《太平經》中守一淺釋〉，《宗教學研究》，1986 年二期，頁 67～74。(4)牟鍾鑒，〈早期道教的道德信條〉，收載於：《宗教・道德・文化》，寧夏人民出版社，1988 年 4 月，頁 221～235；另載於：牟鍾鑒，《中國宗教與文化》，四川：巴蜀書社，1989 年 9 月，頁 248～261。(5)湯一介，〈《太

在政治問題方面，主要包括：社會政治思想（法天、尊道、重德、無爲而治、興善止惡、周急救窮、君臣民并力同心、斷金兵、任用賢才、減刑、溝通民意、反對殺女、厚葬及大興土木與斷酒）、知人善任、民本思想、太平理想與國身治同思想〔註29〕。在醫學方面，主要是論述《太平經》中的「道教醫學」思想（符水咒説治病、臟腑學説、藥物方劑治療、針灸、養性延命、病因學、生死夭壽及人體發育階段與寄生蟲等）及其與東漢醫學的關係〔註30〕。在易學方面，主要是從「宇宙生成論」和「天人感應論」兩方面來論述《周易》中的「三才」思想對《太平經》的影響及《太平經》與《周易》的相同處和《太平經》中運用《周易》的情形（陰陽、三才、四時、五行、後天圖）。〔註31〕

平經》中"氣"的概念分析〉收載於：《中國傳統文化中的儒釋道》，1988年10月，頁161～170；另載於：《魏晉南北朝時期的道教》，1991年4月，頁46～59；〈略論早期道教關於生死、神形問題的理論〉，收載於：《中國傳統文化中的儒釋道》，1988年10月，頁171～192。(6)張立文，〈《太平經》關於眞道的思想〉，收載於：張立文，《道》，北京：中國人民大學出版社，1989年，頁92～96。

〔註29〕詳細內容見於：(1)卿希泰，〈《太平經》的知人善任思想淺析〉，《思想戰線》，1979年二期，頁43～47；〈《太平清領書》的出現及其意義〉，收載於：卿希泰，《中國道教思想史綱・第一卷》，成都：四川人民出版社，1980年9月，頁31～94；〈《天官歷包元太平經》的宗教神學特徵〉・《太平清領書》的來歷及其主要思想〉，收載於：《中國道教史・第一卷》，四川人民出版社，1988年，頁85～123。(2)王明，〈論《太平經》的思想〉，收載於：《道家和道教思想研究》，1984年，頁108～138。(3)李養正，〈從《太平經》看太平道的社會政治思想〉，《道協會刊》，1984年十三期；另收載於：《道教經史論稿》，頁66～89。(4)金春峰，〈《太平經》的思想特點及其與道教的關係〉，收載於：《漢代思想史》，北京：中國社會科學出版社，1987年，頁526～558。(5)金棹，〈試論道教的起源〉，《哲學研究》，1988年十一期，頁53～58。(6)張豈之，〈道教的起源〉，收載於：張豈之，《中國思想史》，陝西：西北大學出版社，1989年，頁428～433。(7)杜洪義，〈《太平經》社會政治思想淺論〉，《遼寧師範大學學報》，1989年一期，頁65～71。(8)李剛，〈漢代道教哲學簡論〉，《求索》，1989年六期，頁66～72。(9)祝瑞開，〈《太平經》的三統神學和太平理想〉，收載於：祝瑞開，《兩漢思想史》，上海古籍出版社，1989年，頁333～353。

〔註30〕詳細內容見於：(1)魏啓鵬，〈《太平經》與東漢醫學〉，《世界宗教研究》，1981年一期，頁101～109。(2)丁貽庄，〈試論《太平經》中的道教醫學思想〉，《宗教學研究》，1987年三期，頁1～6。(3)金棹，〈東漢道教的救世學說與醫學〉，《世界宗教研究》，1989年一期，頁106～118。

〔註31〕詳細內容見於：(1)劉國梁，〈略論《周易》三才思想對早期道教的影響〉，《世

第四節　第四階段（1990～1998）

　　由於王平先生《太平經研究》一書為 1992 年北京大學的博士論文，且其所引用的《太平經》資料僅止於 1989 年（劉序琦，〈再論《太平經》思想的幾個問題〉，《江西師範大學學報》，1989 年一期）；因此，在九〇年代（1990～1998）有關《太平經》的研究文章，於此便無從窺得其內容。但，經筆者蒐羅後，有關九〇年代《太平經》研究的論文，共有 126 篇之多〔註32〕。因此，筆者便以九〇年代（1990～1998）作為《太平經》研究時序的「第四階段」。值得一提的是，在「第四階段」中，台灣學者已有具體的研究成果出現，其中以龔鵬程（〈受天神書以興太平──《太平經》釋義〉，1991 年）、李豐楙（〈當前《太平經》研究的成果及展望〉，1991 年）、林富士（〈試論《太平經》的疾病觀〉，1993 年）與陳麗桂（〈從《太平經》看道教對黃老理論的附會與轉化〉，1995 年）等四位先生的著作是值得注意的〔註33〕。而「第四階段」這

<hr/>

界宗教研究》，1985 年一期，頁 98～106。(2)伍偉民，〈《太平經》與《周易》〉，《華東師範大學學報》，1988 年六期，頁 18～35。

〔註32〕詳細內容見於：第一章附錄〈海峽兩岸中國學者《太平經》研究論著目錄（1935～1998）〉中，no. 96～221 之資料。

〔註33〕台灣研究《太平經》的研究者中，已發表具體研究成果者，共有十一人、十五篇文章（到 1998 年為止）。即：(1)龔鵬程，〈《太平經》政治理論述評〉（收載於：鄭樑生主編：《第二屆中國政教關係國際學術研討會論文集》，台北：淡江大學，1990 年，頁 105～134）、〈《太平經》釋義〉（《中國學術年刊》，1991 年十二期，頁 143～196）、〈受天神書以興太平──《太平經》釋義〉（收載於：龔鵬程，《道教新論》，台北：學生書局，1991 年 8 月，頁 79～262）三篇；(2)蕭登福，〈干吉、宮崇、襄楷、張角與太平道〉（收載於：蕭登福，《先秦兩漢冥界及神仙思想探原》，台北：文津出版社，1990 年 8 月，頁 336～342）一篇；(3)李豐楙，〈當前《太平經》研究的成果及展望〉（收載於：龔鵬程，《道教新論》，1991 年 8 月，頁 325～334；另收載於：李豐楙，〈當前《道藏》研究的成果及其展望〉・〈道藏中道書研究舉隅──以《太平經》為例〉，《書目季刊》二十五卷三期，1991 年 12 月，頁 14～20）一篇；(4)陳吉山，〈《太平經》中的承負報應思想〉（《道教學探索》五號，1991 年，頁 90～105）、〈《太平經》初研〉（《道教學探索》六號，1992 年，頁 168～186）二篇；(5)刑義田，〈《太平經》對善惡報應的再肯定──承負說〉，（《國文天地》八卷三期，1992 年 8 月，頁 12～16）一篇；(6)林富士，〈試論《太平經》的疾病觀〉（《中央研究院歷史語言研究所集刊》第六十二本第二分，1993 年 4 月，頁 225～263）一篇；(7)陳麗桂，〈從《太平經》看道教對黃老理論的附會與轉化〉（《中國學術年刊》十六期，1995 年 3 月，頁 27～52；另載於：陳麗桂，《秦漢時期的黃老思想》，台北：文津出版社，1997 年 2 月，頁 209～243）一篇；(8)許淑惠，〈兩漢思想研究──《太平經》元氣試探〉（《輔大中研所學刊》第四

126 篇文章的論述方向與主題，經筆者歸納後，其研究發展方向主要分成三個方面：

其一，即是延續「第二、三階段」中有關《太平經》的性質與「農民戰爭」及其與黃巾太平道的關係這個論點，繼續展開正反兩方的論述。其中以馮友蘭、湯其領與劉序琦、湯一介兩方的相互對立、相反論證爲代表。馮友蘭先生認爲「《太平經》確實是原始道教的一部主要經典。東漢末年的農民起義，確實是以原始道教的組織爲其組織形式，以原始道教的教義爲其思想內容和理論基，……從《太平經》中，我們可以看出農民起義的思想優點和缺點、進步性和局限性。」（《中國哲學史新編·第三冊》，台北：藍燈文化，1991年 12 月，頁 354）「《太平經》則眞正是農民的書，其中的語言也是眞正農民的語言。」（頁 356）而湯其領先生則認爲「張角在創立太平道時，揚棄了《太平經》中的封建改良主義的思想，吸收了它反映農民願望和要求的政治主張，並把這些政治主張改造爲太平道的教義，用以發動和組織農民起義。」（《漢魏兩晉南北朝道教史研究》，河南大學出版社，1994 年 10 月，頁 87）因此，「《太平經》與太平道有著密切的關係。否認這一事實顯然是不對的。但張角在創建太平道時也並不是全盤用《太平經》的那一套爲封建地主階級服務的思想理論，而是採取利用、改造的方針，利用其中某些辭語和醫學資料作爲道教的儀規。在太平道的教義中，他吸收了《太平經》中反映農民要求和願望的“平等”、“平均”、“太平”等思想，把它們與民間流行的黃

期，1995 年 3 月，頁 39～49）一篇；(9)林惠勝，〈《太平經》中的承負說〉（載於：龔鵬程主編，《海峽兩岸道教文化學術研討會論文·上冊》〈承負與輪迴——報應理論建立的考索〉，台灣：學生書局，1996 年 10 月，頁 263～293）一篇；(10)張建群，〈《太平經》與漢代儒、法思想關係研究〉（《孔孟月刊》第三十五卷第十一期，1997 年 7 月，頁 34～41）一篇；(11)段致成，〈《太平經》中的承負說〉（《宗教哲學》第三卷第四期，1997 年 10 月，頁 94～103；另載於：《中國文化月刊》第二一二期，1997 年 11 月，頁 91～102）、〈論《太平經》的長生成仙思想〉（《中國文化月刊》第二一六期，1998 年 3 月，頁 105～118）二篇。在這十五篇文章中，龔鵬程先生對《太平經》的義理闡釋有許多個人獨到見解，於大陸學者的研究觀點亦多有精闢的批判與評述；李豐楙先生在總述當前《道藏》研究的成果及其展望時，以《太平經》爲例，論述了當前《太平經》的研究成果及其展望，並列舉了國內外（法國、日本、中國大陸）有關《太平經》的研究著作；林富士先生運用了新方法與新觀點，以「疾病觀念」的角度對《太平經》的本文進行細緻與深入的分析，並在末尾附錄了《太平經》研究文獻目錄；陳麗桂先生從秦漢時的黃老思想觀點切入，論述了《太平經》對黃老理論的附會與轉化。

老道相結合，變成爲適合廣大勞動人民要求的"善道"——太平道。」（頁 89～90）類似的觀點尚見於：劉仲宇、蕭登福、王友三、劉精誠、黎家勇、田誠陽等人的著作中〔註 34〕。而劉序琦先生即延續在「第三階段」時的觀點，強調《太平經》並非"太平道"的經典，且其與黃巾起義亦是無關。「太平道和五斗米道一樣，是奉《老子》五千言爲經典的，而不是奉《太平經》爲經典的。」（〈關於《太平經》與黃巾的關係問題〉，《江西師範大學學報》（哲社），1991 年二期，頁 84）「黃巾農民起義不但沒有以《太平經》作理論指導，而且在實踐上也是與《太平經》思想根本對立的。」（頁 87）而湯一介先生亦對《太平經》是「農民烏托邦思想」這個看法加以反駁，並認爲《太平經》是助帝王之書。「有一些學者認爲，《太平經》既然能爲領導黃巾起義的張角所利用，就其性質說應是反映了勞動農民的要求，並舉出說《太平經》中包含著『民本』思想，它有反對剝削，要求人人參加勞動的觀點，因此它是一種農民的烏托邦思想。這個看法也是值得我們討論的。《太平經》中有沒有一些看起來是爲勞動人民說話的辭句，確實有一些，但分析起來則很難說它是爲勞動人民說話。而且"民本"思想並非勞動人民的思想，……所以『民爲邦本』的思想和農民的烏托邦思想並不是一回事。」（《魏晉南北朝時期的道教》，1991 年 4 月，頁 73）「由此可見，《太平經》從總體上說並不是反映勞動農民的要求的，而是一部『應帝王』的書，這一點在《太平經》中也說得明明白白的，它說『帝王能力用吾書，災害悉已一旦除矣，天下咸樂，皆欲爲道德之士』。」（頁 75）

　　從以上的論述，我們可以如此概說：「第四階段」（九〇年代）中馮友蘭、湯其領與劉序琦、湯一介兩方的相互對立、相反論證的觀點，基本上是重複

〔註34〕 這些類似的觀點尚見於：(1)劉仲宇，〈農民的政治理想和道教〉，收載於：劉仲宇主編，《中國道教文化透視》，上海：學林出版，1990 年 3 月，頁 188～197。(2)蕭登福，〈干吉、宮崇、襄楷、張角與太平道〉，收載於：蕭登福，《先秦兩漢冥界及神仙思想探原》，台北：文津出版社，1990 年 8 月，頁 336～342。(3)王友三，〈《太平經》與太平道〉，收載於：王友三，《中國宗教史・上》，齊魯書社，1991 年 11 月，頁 225～238。(4)劉精誠，〈《太平經》與太平道〉，收載於：劉精誠，《中國道教史》，台北文津出版社，1993 年 7 月，頁 31～44。(5)黎家勇、壽桂演，〈《太平經》與太平道〉，收載於：黎家勇、壽桂演，《中國秦漢宗教史》，北京人民出版社，1994 年 4 月，頁 61～79。(6)田誠陽，〈太平道與《太平經》〉，收載於：田誠陽，《道經知識寶典》，四川人民出版社，1995 年 9 月，頁 36～39。

過去「第二階段」中楊寬對王戎笙、侯外廬對熊德基及「第三階段」中卿希泰對劉琳之間爭辯的正反觀點。而值得思考的是：從《太平經》本身多樣性與多層性的思想內容來看，倘若贊成它是農民革命的經典和認爲它是維護封建統治以興帝王的著作的兩方立場，皆能有充分的經文作爲證據支持，這現象就反映、提示我們在從事中國古代宗教研究時，是否在方法上應該修正與放棄一些的既有的意識形態（ideology）與固定的觀點。〔註35〕

〔註35〕龔鵬程先生曾在《道教新論》一書中，駁斥大陸學者關於農民起義與均產主義的說法，認爲「對一個宗教團體所進行的革命，基於無神論反宗教的立場，抹煞其宗教面，專去扯什麼階級矛盾、土地分配、財產公有制，實令人有文不對題或捨本逐末之感。因此，從方法上看，這種解釋路向是不能成立的。」（頁85）筆者認爲此說甚是！乃因，五十年代末中國大陸學術界興起對《太平經》政治社會思想的不同方向爭論，在一定程度上是受著當時政治階級鬥爭和歷史唯物觀思潮的影響。當時中國大陸史學界，「已超過史料的彙集和整理，更進一步運用馬克思同列寧主義的方法解釋中國歷史。」（逯耀東，《中共史學的發展與演變》，台北：時報文化，1979年11月，頁4）於是有所謂歷史研究的「五朵紅（金）花」產生，即：「漢民族形成問題」、「農民戰爭問題」、「封建土地所有制問題」、「資本主義萌芽問題」、「中國歷史分期問題」（頁4）（類似的說法尚見於：蕭黎主編，《中國歷史學四十年・序》，北京：書目文獻出版社，1989年9月，頁3），其中「關於農民戰爭形式問題，這是中共史學工作者最重視的問題。也是他們認爲最能突出毛澤東思想的課題。因爲毛澤東說：『在中國封建社會裡，只有這種農民的階級鬥爭，農民的起義和農民的戰爭，才是歷史發展的眞正動力』。因此，中共的史學工作者在這個指標下，一致認爲農民階級與地主階級的矛盾，是封建社會最主要的矛盾，中國的封建社會就在這種矛盾中向前發展。對於這個問題的討論，前後有五百多篇有關的論文，最初偏重在中國農民歷史事件的分析，然後，漸漸轉向在中國封建社會中農民戰爭規律的研究，探討農民戰爭的性質、特點、發展的階段、起因、歷史作用、農民政權、中國的農民戰爭和宗教的關係、農民階級鬥爭和民族鬥爭各方面的問題。」（頁8）之後「到了七十年代末和八十年代，伴隨著撥亂反正和改革開放，史學界的認識不斷深化，不僅繼續討論一些老問題，還不斷地探索新問題，如歷史發展動力問題、歷史創造者問題、歷史與現實的關係問題、社會形態問題、歷史認識問題、史學理論的建設問題、歷史教育和歷史學的社會功能問題等。」（蕭黎主編，《中國歷史學四十年・序》，北京：書目文獻出版社，1989年9月，頁3）另外，蘇雙碧先生在〈中國農民戰爭史〉一文中，綜述四十年來「中國農民戰爭史」的研究成果，說「據不完全統計，史學界共發表有關農民戰爭史研究的文章四千多篇，各種有關農民戰爭史的書籍──資料、專著和通俗讀物達三百多種。從內容看，大體上可分爲如下幾個方面：(1)新中國建立初期，結合史學界的學習馬克思主義運動，出現一批運用馬克思主義觀點，批判封建的、資產階級的史學家對農民戰爭的誣蔑的論著；(2)對有關農民戰爭歷史資料的考訂和整理；(3)對農民戰爭的起因、性質和歷史作用的探討；(4)對農民戰爭中一些理論問

其二,即是在王明《太平經合校》的基礎上,對「合校本」進行「釋讀」(楊寄林,《太平經釋讀》)、「注譯」(羅熾,《太平經注譯》)、「釋詞」(王云路,《太平經釋詞》)、錯誤訂正(陳增岳、王云路)與其中所反映的漢代字例和字義說明(俞理明)〔註36〕。值得一提的是,在《太平經合校》的錯誤訂正方面,陳增岳先生提出了共三十三則「合校本」錯誤之處〔註37〕;而王云路先生則列舉出「行」與「平言、平道、行言、行道、平行」等詞語在「合校本」中錯誤斷句與錯別字的情形(頁46～48)。而在《太平經合校》中所反映的漢代字例和字義的說明方面,俞理明先生在〈道教典籍《太平經》中的漢代字例與字義〉一文中,「從漢語史角度,從三個方面考釋研究了《太平經》反映的漢代的時代特徵的文獻用字問題:一是反映漢代民間俗語的用字,二是保留了一些可以佐證前人訓釋的用法,三是反映了漢字發展演變過程中的特定的時代特色。」(頁49)而在〈《太平經》通用字求正〉一文中,「討論《太平經》中的一些比較特殊的不規範用字,包括一些當時流行的異體字、古今字和按照較寬的標準可以被認為是通假字的用字,為讀者閱讀和研究《太平經》提供幫助,同時也為研究漢代用字和古文獻的文字整理作一些基礎性的工作。」(頁37)由此,不僅肯定了《太平經》在漢語發展歷史中特殊的學術研究價值,更可作為《太平經》成書時代為漢代說法的另一項佐證。〔註38〕

題,如皇權主義、平均主義等等的探討。」(《中國歷史學四十年》,頁374)因此,在馬克思歷史唯物主義無神論的前提下,硬是將一部屬於「宗教神學性質」的經典著作,曲解地從「社會階級矛盾」與「經濟平均分配」的角度來論述,在方法學上不能說不是一種謬誤!

〔註36〕詳細內容見於:(1)楊寄林,〈《太平經》釋讀〉,收載於:吳楓主編,《中華道學通典》,海口:南海出版公司,1994年4月第一版,頁267～656。(2)羅熾主編,《太平經注譯‧上‧中‧下》,重慶:西南師範大學出版社,1996年8月第一版。(3)王云路,〈《太平經》釋詞〉,《古漢語研究》,1995年一期,頁46～52。(4)陳增岳,〈《太平經合校》拾遺〉,《中國道教》,1994年三期,頁25～28;〈《太平經合校》補記〉,《文獻》,1994年四期,頁219～228。(5)俞理明,〈道教典籍《太平經》中的漢代字例與字義〉,《宗教學研究》,1997年一期,頁49～53;〈《太平經》通用字求正〉,《宗教學研究》,1998年一期,頁37～40。

〔註37〕陳增岳先生在〈《太平經合校》拾遺〉一文中,共提出了二十八則「合校本」錯誤之處;而在〈《太平經合校》補記〉一文中,則共舉出三十三則錯誤之處。然經相互比對後,前二十八則實包含於後三十三則中,所以陳增岳先生共提出三十三則「合校本」錯誤之處。

〔註38〕詳細內容見於:同註36,no.5中俞理明先生的兩篇文章。

　　其三，即是如同「第三階段」中的研究趨向，轉而對《太平經》的個別主題、問題與思想內容作出具體的研究。不過，所不同處在於其類別明顯的比「第三階段」時豐富，而且所提出的觀點與所使用的「研究方法」也是其他幾個階段中未曾出現的。經歸納後其類別大致可分成：成書問題、哲學思想與神學、具體學說、政治問題、全書整體思想內容介紹、文學藝術價值、研究成果述評、醫學、易學與其他等十大項目。在成書問題方面，主要是敘述《太平經》與《天官曆包元太平經》及《太平洞極經》的關係，以及《太平經》產生的歷史因素、成書的時代、過程與方式及《太平經》本身的性質與作者問題、卷帙版本的變化情形、史書與道書中所記載的《太平經》內容與對後世的影響等問題〔註39〕。而在政治問題方面，主要圍繞在：社會政治思想、社會經濟問題（均平、分工、人口、生產消費、分配）、倫理規範（道、德、仁、忠、孝）與政治的關係、太平政治理想、文治天下的政治構想及該構想與漢代政治的關係（並論述其間天師與帝王之關係）〔註40〕。在哲學思

〔註39〕詳細內容見於：(1)朱越利，〈《太平清領書》的內容是什麼？《天官曆包元太平經》的內容是什麼？《太平經》與前兩種書是什麼關係？主要內容是什麼？〉，收載於：朱越利，《道教答問》，台北：貫雅文化，1990年10月，頁38～40。(2)劉國梁，〈《太平經》的成書時代與主要思想〉，載於：《道教精粹》，吉林文史出版社，1991年2月，頁52～60。(3)劉釗，〈《太平經》及其把道家思想宗教化〉，收載於：劉釗，《道家思想史綱》，湖南師範大學，1991年，頁251～259。(4)湯一介，〈《太平經》──道教產生的思想準備〉，收載於：《魏晉南北朝時期的道教》，1991年4月，頁19～76。(5)于民雄，〈《太平清領書》的出現〉，收載於：于民雄，《道教文化概說》，貴州人民出版社，1991年，頁54～56。(6)陳吉山，〈《太平經》初研〉，《道教學探索》六號，1992年，頁168～186。(7)蘇抱陽，〈《太平經》成書的幾個問題〉，《世界宗教研究》，1992年四期，頁14～21。(8)陳耀庭、劉仲宇，〈曲陽神書──《太平經》的問世及影響〉，收於：《道‧仙‧人──中國道教縱橫》，1992年12月，頁290～291。(9)李剛，〈論《太平經》為漢代道書之合集──兼與金春峰先生商榷〉，《社會科學研究》，1993年3月，頁63～68。(10)金正耀，〈道教的起源〉，收載於：金正耀，《道教與科學》，台北：曉園出版社，1994年9月，頁17～33。(11)湯其領，〈《太平經》的成書及其思想〉，收載於：湯其領，《漢魏兩晉南北朝道教史研究》，河南大學出版社，1994年10月，頁66～86。(12)馬良懷，〈兩漢宇宙期與道教的產生〉，收載於：陳鼓應，《道家文化研究‧第五輯》，上海古籍出版社，1994年，頁343～352。(13)龍晦，〈《太平經注》序〉，收載於：陳鼓應主編，《道家文化研究‧第七輯》，上海古籍出版社，1995年6月，頁165～174。(14)卿希泰主編，〈民間道教在漢代的興起〉，收載於：卿希泰主編，《中華道教簡史》，台北：中華道統出版社，1996年2月，頁33～45。

〔註40〕詳細內容見於：(1)龔鵬程，〈《太平經》政治理論述評〉，收載於：鄭樑生主

想與神學方面，依次是論述：宇宙論（道、一、元氣、陰陽、三統、四時、五行、六甲、七星、八卦、十天干、十二地支之天地格法）、宇宙模式（三一爲宗、三一爲主）、神學思想（天人交感、天人一體、身中神、五臟神）與長生成仙的理論及方術（神仙等級、神仙體系建立、神仙的特質、成仙的方法：(1)修身、(2)養身、(3)精氣神之關係）〔註41〕。在具體學說方面，深入

編：《第二屆中國政教關係國際學術研討會論文集》，台北：淡江大學，1990年，頁 105～134。(2)冷鵬飛，〈論《太平經》中的經濟思想〉，《湖南師範大學社會科學學報》十九卷二期，1990 年 3 月，頁 69～74。(3)石磊，〈試論《太平經》中的經濟思想〉，《宗教學研究》，1990 年三至四期，頁 51～56。(4)朱永齡，〈《太平經》倫理思想管窺〉，《江西社會科學》，1990 年四期，頁 77～78。(5)盧國龍，〈《太平經》提出了哪些社會政治思想〉，收載於：盧國龍，《道教知識百問》，台灣：佛光出版社，1991 年 6 月，頁 5～7。(6)張錫勤等主編，〈《太平經》的倫理思想〉，收載於：《中國倫理思想通史・上冊》，黑龍江教育出版社，1992 年，頁 335～347。(7)湯其領，〈《太平經》的成書及其思想〉，收載於：湯其領，《漢魏兩晉南北朝道教史研究》，河南大學出版社，1994 年 10 月，頁 66～86。(8)趙靖主編，〈早期道教的經濟觀點〉，收載於：趙靖主編，《中國經濟思想通史・第二卷》，北京大學出版社，1995 年 2 月，頁 134～161。(9)康怡，〈淺析《太平經》中的政治倫理思想〉，《中國道教》，1996 年四期，頁 21～23。(10)張偉國，〈《太平經》的民眾政治思想〉，收載於：陳鼓應主編，《道家文化研究・第九輯》，上海古籍出版社，1996 年 6 月，頁 41～53。(11)李剛，〈《太平經》致太平的政治哲學〉，收載於：龔鵬程主編，《海峽兩岸道教文化學術研討會論文・上冊》，1996 年 10 月，頁 295～337。(12)劉澤華主編，〈早期道教和《太平經》的政治思想〉，收載於：劉澤華主編，《中國政治思想史・秦漢魏晉南北朝卷》，浙江人民出版社，1996 年 11 月，頁 410～434。(13)吳根友，〈民間道教思想的興盛──《太平經》的社會思想〉，收載於：吳根友，《中國社會思想史》，武漢大學出版社，1997 年 1 月，頁 145～148。

〔註41〕詳細內容見於：(1)郭武，〈論《太平經》的神學思想〉，《中國道教》，1991年二期，頁 25～27。(2)劉釗，〈《太平經》及其把道家思想宗教化〉，收載於：劉釗，《道家思想史綱》，湖南師範大學，1991 年，頁 251～259。(3)王友三，〈《太平經》與太平道〉，收載於：王友三，《中國宗教史・上》，齊魯書社，1991 年 11 月，頁 225～238。(4)嚴耀中，〈長生與神仙〉，收載於：嚴耀中，《中國宗教與生存哲學》，上海學林出版社，1991 年，頁 111～115；〈天下太平與延年長壽〉，收載於：嚴耀中，《中國宗教與生存哲學》，1991 年，頁 144～147。(5)劉仲宇，〈《太平經》與《周易參同契》〉，收載於：牟鍾鑒等著，《道教通論──兼論道家學說》，山東齊魯書社，1991 年，頁 340～371。(6)李剛，〈漢代道教哲學〉，收載於：卿希泰主編，《道教與中國傳統文化》，福建人民出版社，1992 年 6 月，頁 61～85。(7)郝勤，〈道教養生思想〉，收載於：《道教與中國傳統文化》，1992 年 6 月，頁 384～398。(8)王宗昱，〈《太平經》中的人身中之神〉，《中國文化月刊》一五九期，1993 年 1 月，頁 70～84。(9)

地探討：「道」、「氣」、「元氣」、「太平氣」、「太平」、「中和」、「心」、「承負」、「生命倫理觀」、「教育」及「人與自然的關係」等命題在《太平經》中具體意義〔註 42〕。在易學方面，主要是從「陰陽」、「五行」、「天人感應」與「類

〔註 42〕 郭武，〈論道教初創時期的神學思想〉，《四川大學學報》，1993 年二期，頁 51～56；郭武，〈論道教的長生成仙信仰〉，《世界宗教研究》，1994 年一期，頁 27～37。(10)周高德，〈讀《太平經》有感〉，《中國道教》，1993 年三期，頁 53～55。(11)金正耀，〈道教的起源〉，收載於：金正耀，《道教與科學》，台北：曉園出版社，1994 年 9 月，頁 17～33。(12)湯其領，〈《太平經》的成書及其思想〉，收載於：湯其領，《漢魏兩晉南北朝道教史研究》，河南大學出版社，1994 年 10 月，頁 66～86。(13)鍾肇鵬，〈《太平經》等早期道教經典中的精氣神論〉，收載於：鍾肇鵬，〈論精氣神〉，《道家文化研究・第九輯》，1996 年 6 月，頁 206～211。(14)段致成，〈論《太平經》的長生成仙思想〉，《中國文化月刊》第二一六期，1998 年 3 月，頁 105～118。

〔註 42〕 詳細內容見於：(1)張立文，〈《太平經》太平之氣的思想〉，收載於：張立文，《氣》，北京：中國人民大學出版社，1990 年，頁 83～88；〈《太平經》的天地中和同心〉，收載於：張立文，《心》，北京中國人民大學出版社，1993 年 11 月，頁 92～99。(2)陳吉山，〈《太平經》中的承負報應思想〉，《道教學探索》五號，1991 年，頁 90～105。(3)冷鵬飛，〈釋 "氣" ——早期道教思想研究〉，《中國哲學・十五輯》，1991 年，頁 156～176。(4)馮達文，〈早期道教的科學追求與神學迷失〉，收載於：蕭健父、羅熾主編，《眾妙之門——道教文化之謎探微》，湖南教育出版社，1991 年，頁 265～276。(5)湯一介，〈《太平經》——道教產生的思想準備〉，收載於：《魏晉南北朝時期的道教》，1991 年 4 月，頁 19～76；〈「承負」說與「輪迴」說〉，收載於：《魏晉南北朝時期的道教》，1991 年 4 月，頁 361～373。(6)劉昭瑞，〈《太平經》與考古發現的東漢鎮墓文〉，《世界宗教研究》，1992 年四期，頁 111～119；〈 "承負說" 的緣起〉，《世界宗教研究》，1995 年四期，頁 100～107。(7)刑義田，〈《太平經》對善惡報應的再肯定——承負說〉，《國文天地》八卷三期，1992 年 8 月，頁 12～16。(8)杜洪義，〈《太平經》中的善惡觀與太平理想〉，收載於：劉澤華主編，《中國古代政治思想史》，天津：南開大學出版社，1992 年 1 月，頁 381～395。(9)李剛，〈論《太平經》的生命倫理觀〉，《道教研究》第一輯，四川人民出版社，1994 年 2 月，頁 65～74；《太平經》的生命倫理觀〉，收載於：李剛，《勸善成仙——道教生命倫理》，四川人民出版社，1994 年 7 月，頁 13～29(10)袁濟喜，〈太平世界的幻影〉，收載於：袁濟喜，《兩漢精神世界》，北京：中國人民出版社，1994 年 3 月，頁 260～265。(11)金正耀，〈東漢道教的特徵〉，收載於：金正耀，《道教與科學》，1994 年 9 月，頁 34～52。(12)許淑惠，〈兩漢思想研究——《太平經》元氣試探〉，《輔大中研所學刊》第四期，1995 年 3 月，頁 39～49。(13)陳德安，〈《太平經》的教育思想〉，收載於：李裕民主編，《道教文化研究・第一輯》，北京：書目文獻出版社，1995 年 9 月，頁 224～251。(14)王鐵，〈《太平經》〉，收載於：王鐵，《漢代學術史》，上海：華東師範大學出版社，1995 年 12 月，頁 148～153。(15)卿希泰主編，〈請介紹一下《太平經》中的承負說〉，收載於：《道教常識答問》，1996 年 8

比手法」（觀物取象、因象明理的卦象比擬手法）等四個方面來論說《太平經》與易學之關係以及認爲《太平經》受到漢代孟熹、京房等易學家之象數易學的影響，而舉「陰陽」、「五行」、「八卦方位」與「十二月卦」四例說明之〔註 43〕。在醫學方面，主要是從「疾病」的角度切入，以爲在下列五種狀況之下，人便會罹患疾病：(1)「中邪」、(2)「神遊於外」、(3)因惡行而遭鬼神譴祟、(4)帝王政治措施失當招致天地鬼神之降罰、(5)「承負」他人禍報。至於其所主張的對治之策，主要有七：(1)守一思神法、(2)善行法、(3)善政法、(4)祭祀禳解法、(5)丹書祝除法、(6)方藥灸刺法、(7)服食法。而此種疾病觀念，一方面雜揉了當時社會許多流行觀念（如醫學觀念、神仙及養生家之言、災異思想、巫祝之言與世俗信仰），另一方面又往往別樹一格，有意的自異於任何一家之主張。其根本特色則在於聯結「行爲善惡」和「鬼神報應」這兩個因子於疾病現象之中。此種觀念和漢末興起的「太平道」、「五斗米道」的信仰和主張甚爲相似，《太平經》與這兩個道團應有密切的關係。以及陳述《太平經》中的醫藥學內容可概括爲「醫學理論」和「醫療方法」兩大類，在醫學理論方面包括：「陰陽學說」、「臟腑學說」、「精氣神學說」。而在醫療方法方面，可分爲：藥物治療、針灸治療與氣功養生〔註 44〕。在文學與藝術價值方面，主要是論述《太平經》中的文體形式（語錄體散文）、文學

月，頁 195～197。(16)林惠勝，〈《太平經》中的承負說〉，載於：龔鵬程主編，《海峽兩岸道教文化學術研討會論文‧上冊》〈承負與輪迴——報應理論建立的考索〉，台灣：學生書局，1996 年 10 月，頁 263～293。(17)李剛，〈《太平經》論人與自然的關係〉，《道教文化》第六卷第一期，1997 年 1 月，頁 13～16。(18)劉見成，〈《太平經》中的氣論思想〉，收載於：劉見成，〈形神與生死——魏晉南北朝時期的形神之爭〉，《中國文化月刊》第二〇八期，1997 年 7 月，頁 37～41。(19)段致成，〈《太平經》中的承負說〉，《宗教哲學》第三卷第四期，1997 年 10 月，頁 94～103；另載於：《中國文化月刊》第二一二期，1997 年 11 月，頁 91～102。

〔註 43〕 詳細內容見於：(1)連鎮標、詹石窗，〈《太平經》易學思想考〉，《福建師範大學學報》，1994 年二期，頁 41～47。(2)詹石窗、連鎮標，〈易學與原始符籙派道教〉，收載於：詹石窗、連鎮標，《易學與道教文化》，福建人民出版社，1995 年 12 月，頁 176～195。(3)尹志華，〈道教易學的發端——《太平經》述要〉，《宗教哲學》第三卷第三期，1997 年 7 月，頁 150～156。

〔註 44〕 詳細內容見於：(1)林富士，〈試論《太平經》的疾病觀〉，《中央研究院歷史語言研究所集刊》第六十二本第二分，1993 年 4 月，頁 225～263。(2)胡衛國、宋天彬，〈《太平經》中的醫藥養生學內容〉，收載於：胡衛國、宋天彬著，《道教與中醫》，台北：文津出版社，1997 年 8 月，頁 55～58。

價值（口語化、類比手法、詩體化之口訣、歌謠、諺語、七言詩起源問題）、
繪畫藝術（乘雲駕龍圖、東壁圖、西壁圖、五臟神像）與音樂理論（音樂的
起源、意義、本質目的、功用、用樂的格法、樂律理論）〔註45〕。在全書整
體思想內容介紹方面，主要將《太平經》的內容分類成四大項來加以說明，
即：(1)天人一體的神學思想、(2)三合相通的宇宙論思想、(3)致太平的社會
政治思想、(4)長生成仙的理論與方術思想〔註46〕。在研究成果述評方面，主

〔註45〕 詳細內容見於：(1)詹石窗，〈《太平經》的由來與文體‧《太平經》的文學價
值〉，收載於：詹石窗，《道教文學史》，上海文藝出版社，1992 年 5 月，頁
20～28。(2)陳耀庭、劉仲宇，〈道畫溯源──《太平經》中圖畫的意義〉，
收載於：陳耀庭、劉仲宇，《道‧仙‧人──中國道教縱橫》，上海：社會科
學出版社，1992 年 12 月，頁 208～209。(3)蔡仲德，〈《太平經》中的道教音
樂美學思想〉，收載於：《中國音樂美學史》，北京：中國社會科學院，1995
年 1 月，頁 438～443。(4)曹本冶主編，〈《太平經》中的音樂理論〉，收載
於：《中國道教音樂史略》，台北：新文豐出版公司，1996 年 1 月，頁 48～
53。

〔註46〕 詳細內容見於：(1)楊萬全，〈《太平經》〉，收載於：《道教》，北京：中國大百
科全書出版社，1990 年 5 月，頁 45。(2)朱越利，〈《太平清領書》的內容是
什麼？天官歷包元《太平經》的內容是什麼？《太平經》與前兩種書是什麼
關係？主要內容是什麼？〉，收載於：朱越利，《道教答問》，台北：貫雅文化，
1990 年 10 月，頁 38～40。(3)劉國梁，〈《太平經》的成書時代與主要思想〉，
載於：《道教精粹》，吉林文史出版社，1991 年 2 月，頁 52～60。(4)任繼愈
主編，〈《太平經鈔》‧《太平經》‧《太平經複文序》‧《太平經聖君祕旨》〉，收
載於：任繼愈主編，《道藏提要》，北京：中國社會科學出版社，1991 年 7 月，
頁 843～853。(5)于民雄，〈《太平經》〉，收載於：于民雄，《道教文化概說》，
1991 年，頁 154～156。(6)楊寄林，〈《太平經釋讀》前言〉，《河北師院學報》，
1993 年二期，頁 131～132。(7)李養正，〈《太平經》〉，收載於：李養正，《道
教手冊》，北京：中州古籍出版社，1993 年 8 月，頁 317～318。(8)卿希泰，
〈《太平經》〉，收載於：卿希泰主編，《中國道教‧第二卷》，上海：知識出版
社，1994 年 1 月，頁 56～59。(9)黎家勇、壽桂演，〈《太平經》與太平道〉，
收載於：黎家勇、壽桂演，《中國秦漢宗教史》，北京人民出版社，1994 年 4
月，頁 61～79。(10)劉鋒，〈早期道教經書的出現〉，收載於：劉鋒，《道教的
起源與形成》，台北：文津出版社，1994 年 4 月，頁 73～88；另收載於：劉
鋒、臧知非，《中國道教發展史綱》，台北：文津出版社，1997 年 1 月，頁 57
～74。(11)馮佐哲、李富華，〈從《太平經》的問世到民間道教的初傳〉，收
載於：馮佐哲、李富華，《中國民間宗教史》，台北：文津出版社，1994 年 4
月，頁 124～132。(12)中國道教協會，〈《太平經》〉，收載於：中國道教協會、
蘇州道教協會，《道教大辭典》，北京：華夏出版社，1994 年 6 月一版，頁 242
～243。(13)湯其領，〈《太平經》的成書及其思想〉，收載於：湯其領，《漢魏
兩晉南北朝道教史研究》，河南大學出版社，1994 年 10 月，頁 66～86。(14)
田誠陽，〈《太平經》簡介〉，收載於：田誠陽，《道經知識寶典》，1995 年 9

要是評述六十餘年來中外學者（中國、日本、法國、德國）有關《太平經》研究成果的著作，其中並附有篇名目錄待查尋〔註47〕。在其他方面，主要是論述《太平經》與道家、儒家、墨家、法家、黃老思想、《想爾注》、佛教、天師道、道教上清派及考古發現的東漢鎮墓文之間的關係。〔註48〕

月，頁 168～177。(15)卿希泰主編，〈民間道教在漢代的興起〉，收載於：卿希泰主編，《中華道教簡史》，台北：中華道統出版社，1996 年 2 月，頁 33～45。

〔註47〕 詳細內容見於：(1)李豐楙，〈當前《太平經》研究的成果及展望〉，收載於：龔鵬程，《道教新論》，1991 年 8 月，頁 325～334；另收載於：李豐楙，〈當前《道藏》研究的成果及其展望〉·〈道藏中道書研究舉隅——以《太平經》為例〉，《書目季刊》二十五卷三期，1991 年 12 月，頁 14～20。(2)王平，《太平經研究》，台北：文津出版社，1995 年 10 月，頁 1～8。(3)黎志添，〈試評中國學者關於《太平經》的研究〉，香港：《中國文化研究所學報》，新第五期，1996 年，頁 297～299。(4)張廣保，〈關於《太平經》的研究〉，收載於：〈大陸新道家崛起之分析——近年來道家、道教思想研究綜述〉，《宗教哲學》第三卷第二期，1997 年 4 月，頁 92～98。

〔註48〕 詳細內容見於：(1)郭樹森，〈《太平經》與天師道的關係〉，收載於：郭樹森主編，《天師道》，上海社會科學院，1990 年 2 月，頁 36～47；〈《想爾注》對《太平經》的繼承和發展〉，收載於：郭樹森主編，《天師道》，上海社會科學院，1990 年 2 月，頁 48～52。(2)劉昭瑞，〈《太平經》與考古發現的東漢鎮墓文〉，《世界宗教研究》，1992 年四期，頁 111～119。(3)陳吉山，〈《太平經》初研〉，《道教學探索》六號，1992 年，頁 168～186。(4)李養正，〈《太平經》與《墨子》〉，收載於：李養正，《道教與諸子百家》，北京：燕山出版社，1993 年 11 月，頁 103～114；〈《太平經》是否抄襲《四十二章經》議〉，《中國道教》，1995 年一期，頁 20～25。(5)俞理明，〈從《太平經》看道教稱謂對佛教稱謂的影響〉，《四川大學學報》，1994 年二期，頁 55～58。(6)李剛，〈也論《太平經鈔》甲部及其與道教上清派之關係〉，收載於：陳鼓應主編，《道家文化研究·第四輯》，1994 年 3 月，頁 284～299。(7)郭武，〈《太平經》《老子想爾注》是怎樣確立道教的宗教理論的〉，收載於：郭武，《道教歷史百問》，北京：今日中國出版社，1995 年，頁 23～25。(8)陳麗桂，〈從《太平經》看道教對黃老理論的附會與轉化〉，《中國學術年刊》十六期，1995 年 3 月，頁 27～52；另載於：陳麗桂，《秦漢時期的黃老思想》，台北：文津出版社，1997 年 2 月，頁 209～243。(9)何宗旺，〈《老子想爾注》與《太平經》〉，收載於：何宗旺，《中華煉丹術》，台北：文津出版社，1995 年 12 月，頁 184～191。(10)龍晦，〈論《太平經》中的儒家思想〉，收載於：陳鼓應主編，《道家文化研究·第九輯》，1996 年 6 月，頁 54～65。(11)張廣保，〈關於《太平經》的研究〉，收載於：〈大陸新道家崛起之分析——近年來道家、道教思想研究綜述〉，《宗教哲學》第三卷第二期，1997 年 4 月，頁 92～98。(12)張建群，〈《太平經》與漢代儒、法思想關係研究〉，《孔孟月刊》第三十五卷第十一期，1997 年 7 月，頁 34～41。

第五節　本章小結

　　縱觀這六十餘年《太平經》研究之歷史，其研究發展方向，從早期的文獻考辨；至五〇年代興起的農民起義與黃巾太平道之議題；到八〇年代轉而從經典的個別主題思想與問題作具體的研究。這個研究發展方向的遞嬗，告訴我們這樣的事實：（一）研究者們鑒於除了文獻考辨方面公認的研究成果外，一些屬於思想內容方面的衝突問題皆無法獲得基本上的共識，於是便開始回避對這些衝突性問題的探討，轉而關注於個別主題思想與問題上的深入辨析與闡述。（二）在研究方法上，研究者們開始運用新的研究方法與開闢新的研究方向，以期能得到新的研究成果。〔註49〕

〔註49〕　在新的研究方法的運用方面，劉昭瑞先生運用考古發現的東漢「鎮墓文」，將鎮墓文與《太平經》作比較研究，通過對鎮墓文的用詞與《太平經》的一些重要術語的比較，例如：鎮墓文的「重復」與《太平經》的「承負」，鎮墓文的「句校、鉤校」與《太平經》的「鉤校」，鎮墓文的「太陽之精」與《太平經》的「日精」，鎮墓文的「尸注、精注」與《太平經》的「尸咎」等等的對比，以此來確立《太平經》的具體撰述年代。認為從鎮墓文使用的術語來看，許多在《太平經》中都可以得到印證，由此證明《太平經》是東漢時期的作品，這種考證突破了以往考證《太平經》的成書年代，均侷限在使用傳世文獻為依據的做法，為《太平經》成書於東漢說提供了一個強有力的證據。另外，作者又從語義比較、語言環境與古音韻學等角度，論證了《太平經》的「承負」與鎮墓文的「重復」一語相當，而《太平經》中的解除「承負」觀念，正是鎮墓文中解除「重復」觀念的放大。由此推定承負說的思想基礎並不是源於佛教的因果報應說，而是與東漢時期的民間巫術信仰有關（以上說法見於：劉昭瑞，〈《太平經》與考古發現的東漢鎮墓文〉，《世界宗教研究》，1992年四期，頁111～119；〈承負說的緣起〉，《世界宗教研究》，1995年四期，頁100～107）。而在開闢新的研究方向方面，林富士先生則從「疾病」的角度切入，探討《太平經》關於「疾病原因的解釋」和「所主張的醫療手段」的內容；由此而得出《太平經》全書之主旨在於解釋東漢時社會上種種災禍、動亂和危機的根本源由，並提出一套解救之道。如此即轉變以往考證《太平經》為東漢作品時，只從語言、地理名稱、社會風俗、思想等方面來考察的現象。而李剛先生與王宗昱先生則分別從「《太平經鈔》甲部並非全部作偽」與「身中神」的角度，論述現存《太平經》的內容與道教上清派的關係。如此即為中國學者在考察《太平經》的傳本與兩晉六朝以後道教發展歷史之間的關係上，開出一個新的方向來！（詳細內容見於：(1)林富士，〈試論《太平經》的疾病觀〉，《中央研究院歷史語言研究所集刊》第六十二本第二分，1993年4月，頁225～263。(2)李剛，〈也論《太平經鈔》甲部及其與道教上清派之關係〉，收載於：陳鼓應主編，《道家文化研究‧第四輯》，1994年3月，頁284～299。(3)王宗昱，〈《太平經》中的人身中之神〉，《中國文化月刊》一五九期，1993年1月，頁70～84）。

　　值得一提的是，在「第四階段」中，王平先生《太平經研究》一書，可說是六十餘年來《太平經》研究歷史中最完整的一本著作。其書共分七章，分別是：文獻考辨、思想要覽、治國思想研究、治身思想研究、基本哲學範疇剖析、主要哲學學說與思想的基本傾向。其中除了對《太平經》文獻所作的一些補充說明外，全書著重在探討《太平經》的寫作意旨，思想內涵以及根本傾向，是屬於對《太平經》思想本身的專題性研究著作。不過由於意識形態（ideology）的限制，其仍不能擺脫唯物主義、無神論的論調，而對所謂唯心論與宗教神學加以刻意的忽視與簡化。如此，想深入分析、演譯出經典思想內部中具理性的意義結構（rational structure of meaning），筆者認為是不夠全面與困難的。僅以《太平經》中「神學思想」來說，該書是「受天之神書」，全書充斥著神人、真人、天師與弟子之間的對話，是一部屬於「宗教神書」性質的「神書」；因此，「神學思想」應在《太平經》中佔有相當的比重。不過王平先生《太平經研究》一書，卻未對此作出具體的說明；於此不難看出唯物主義、無神論作祟的現象存在。〔註50〕

〔註50〕王平先生《太平經研究》一書，雖已擺脫五〇年代至八〇年代時所謂《太平經》的階級性及社會政治思想的「意識形態」（ideology）爭論，而著重在「文本」（text）的辨析與闡釋。但往往在論及所謂「唯心論」與「宗教神學」時，作者便自覺、不自覺地忽略與簡化這些問題。如全書談到「宗教神學」處僅：「神仙幻想」（頁63～67）與「神秘主義傾向」（頁159～169）兩處；而在論述「天人感應說」（頁122～134）時，作者只在外圍論說（董仲舒「天人感應說」），並未針對《太平經》中的「天人感應說」加以說明。因此，一部「宗教神學」性質的「神書」卻被其從「純哲學」與「無神論」的立場來加以分析，如此地研究方法與路徑，力圖對《太平經》的思想進行較全面的考察與細緻的分析，筆者認為是不夠全面與困難的！

第二章 《太平經》文獻考辨

　　《太平經》原書有十部、一百七十卷。現存唯一的本子是明正統《道藏》中〈太平部〉受、傅、訓、入四帙中所收的《太平經》殘本（台北：藝文印書館影印本，第二七三至二七五冊）。其中甲、乙、辛、壬、癸五部全佚，其餘五部亦皆有所殘缺，僅存五十七卷。由於殘本中未題撰述時代與作者，因此關於現存於《道藏》中五十七卷《太平經》殘本的「成書過程問題」，便成爲歷年來中國學者研究《太平經》時的一個焦點〔註1〕。而在「成書過程問題」中除了「成書時代」（東漢說）有公認的說法外，其他牽涉有關：《太平經》的性質、成書的方法、作者是何人、卷數版本、有無本文（底本）與定本、《太平經》書名定於何時以及今《道藏》中的殘本是否就是東漢時宮崇、襄楷所獻的本子等問題，在這六十餘年《太平經》的研究歷史中可說是呈現眾說紛紜、莫衷一是的現象。筆者認爲上述問題之所以得不出公認的答案，問題在於對《太平經》本身的性質問題未獲得具體釐清。換句話說，就是關於《太

〔註1〕 中國學者在研究《太平經》時，首先談論到「成書過程問題」者是：湯用彤，〈讀《太平經》書所見〉一文。湯先生根據殘本內容作出多方考證後，考定《太平經》爲漢代舊書。之後中國學者在論及「成書時代」這個問題時，大致上是依循或繼續湯用彤先生的考證成果來說明「《太平經》成書於"東漢說"」這一事實。且普遍認爲關於《太平經》「成書時代」的問題，基本上已獲得解決。這些中國學者計有：(1)陳攖寧（〈《太平經》的前因後果〉，1962年）、(2)卿希泰（〈《太平清領書》的出現及其意義〉，1980年）、(3)王明（〈論《太平經》的成書時代和作者〉，1982年）、(4)湯一介（〈關於《太平經》成書問題〉，1984年）、(5)李養正（〈于吉與《太平青領書》之出現〉，1989年）、(6)李剛（〈論《太平經》爲漢代道書之合集──兼與金春峰先生商榷〉，1993年）、(7)王平（《太平經研究》，1995年）等七人。

平經》本身究竟是屬於「道書」、儒書」、「神書」或其他的這個問題未先得到解決〔註2〕；因此引起一連串「連續性」假設與推論，造成「循環論證」（circular argument）〔註3〕的情形。

第一節　《太平經》一書的「性質問題」

而此情形的產生大都是研究者接受下列三項依據與推論而成，即：（一）對於《漢書‧李尋傳》中記載的甘忠可《天官歷包元太平經》一書，認為與《太平經》是有淵源的關係〔註4〕。（二）對於《後漢書‧襄楷傳》與唐章懷

〔註2〕 關於《太平經》的性質，中國學者大致上皆認為是一部「道教經典」。計有：(1)熊德基（〈《太平經》的作者和思想及其與黃巾和天師道的關係〉，1962年）、(2)卿希泰（〈試論太平經的烏托邦思想〉，1980年；〈《太平經》〉，1994年）、(3)李養正（〈從《太平經》看早期道教的信仰與特點〉，1982年；〈于吉與《太平青領書》之出現〉，1989年）(4)王明（〈論《太平經》的思想〉，1984年）、(5)任繼愈（〈早期道教在社會上層的傳佈與興國廣嗣之術的《太平經》〉，1985年）、(6)牟鍾鑒（〈《太平經》與《周易參同契》〉，1989年）、(7)湯一介（〈《太平經》──道教產生的思想準備〉，1991年）、(8)李剛（〈論《太平經》為漢代道書之合集──兼與金春峰先生商榷〉，1993年）、(9)馮佐哲、李富華（〈從《太平經》的問世到民間道教的初傳〉，1994年）等九人的作品。也有學者認為其是屬於受天之「神書」，計有：(1)龔鵬程（〈受天神書以興太平──《太平經》釋義〉，1991年）、(2)任繼愈（〈《太平經鈔》‧《太平經》‧《太平經複文序》‧《太平經聖君祕旨》〉，1991年）、(3)蘇抱陽（〈《太平經》成書的幾個問題〉，1992年）、(4)郭武（〈論道教的長生成仙信仰〉，1994年）、(5)張建群（〈《太平經》與漢代儒、法思想關係研究〉，1997年）等五人。而金春峰先生卻認為其是一部讖緯宗教化的儒書，見於：金春峰〈讀《太平經》〉（1982年）與〈《太平經》的思想特點及其與道教的關係〉（1987年）兩篇文章。而喻松清（〈道教的起源與形成〉，1963年）與劉釗（〈《太平經》及其把道家思想宗教化〉，1991年）兩位先生則認為其是一本政治理論書。

〔註3〕 所謂「循環論證」（circular argument）「是一種以前題為結論的證明基礎，而前題本身卻又有待結論判斷為其基礎的論法。此論法的思惟程序是以前題為出發點，以結論為歸結點，但復又回轉到以此結論出發，而終歸於前題。」（柴熙，《哲學邏輯》，台灣商務印書館，1992年8月，頁251）換句話說，即：「我們為要證明某一個語句成立，必須訴諸其他語句，可是為了要證明這些其他語句的成立，我們必須訴諸另外的其他語句。這樣層層追進，到最後一定會遭遇到一種令人為難困惑的局面：我們可能一直求證下去，永無止境；或者繞彎回頭，訴諸原來待證的語句。前面一種情境我們稱為『無窮後退』（infinite regress）；後面那種情境，我們叫做『循環論證』（circular argument）。」（何秀煌，《邏輯》，台北：東華書局，1995年11月，頁255）

〔註4〕 《漢書‧李尋傳》中有關甘忠可《天官歷包元太平經》的記載，即：「初，成

太子李賢注中關於《太平經》的資料記載，研究者均接受並相信其中的說法〔註5〕。（三）對於一百七十卷的《太平經》，認為非一時、一地、一人之作；

帝時，齊人甘忠可詐造《天官歷》、《包元太平經》十二卷，以言『漢家逢天地之大終，當更受命於天，天帝使眞人赤精子，下教我此道。』忠可以教重平夏賀良、容丘丁廣世、東郡郭昌等，中壘校尉劉向奏忠可假鬼神罔上惑眾，下獄治服，未斷病死。賀良等坐挾學忠可書，以不敬論。後賀良等復私以相教。哀帝初立，司隸校尉解光亦以明經通災異得幸，白賀良等所挾忠可書，事下奉車都尉劉歆。歆以為不合五經，不可施行。而李尋亦好之，光曰：『前歆父向奏忠可下獄，歆安肯通此道？』時郭昌為長安令，勸尋宜助賀良等，尋遂白。賀良等皆待詔黃門，數見召，陳曰『漢曆中衰，當更受命。成帝不應天命，故絕嗣。今陛下久疾，變異屢數，天所以譴告人也。宜急改元易號，乃得延年益壽，皇子生，災異息矣。得道不得行，咎殃且亡。不有洪水將出，災火且起，滌盪人民。』哀帝久寢疾，幾其有益，遂從賀良等議。……以建平二年為太初元年，號曰陳聖劉太平皇帝。……賀良等復欲妄變政事，大臣爭以為不可許。……賀良等反道惑眾……執左道亂朝政，傾覆國家，誣罔主上，不道，賀良等皆伏誅。」（以上資料見於：班固，《漢書》卷七十五，〈眭兩夏侯京翼李傳〉第四十五，北京：中華書局，1997 年 11 月第一版，頁 812）

〔註5〕 《後漢書·襄楷傳》與唐章懷太子李賢注中有關《太平經》的記載共有三處：(1)「臣前上琅邪宮崇受干吉神書，不合明聽。」（干姓，吉名也。神書，即今道家《太平經》也。其經以甲、乙、丙、丁、戊、己、庚、辛、壬、癸為部，每部十七卷也）(2)「前者宮崇所獻神書，專以奉天地順五行為本，亦有興國廣嗣之術。其文易曉，參同經典，而順帝不行，故國胤不興。」（《太平經·興帝王篇》曰：「眞人問神人曰：『吾欲使帝王立致太平，豈可聞邪？』神人言：『但順天地之道，不失銖分，則立致太平。元氣有三名，為太陽、太陰、中和。形體有三名，為天、地、人。天有三名，為日、月、星，北極為中也。地有三名，為山、川與平土。人有三名，為父、母、子。政有三名，為君、臣、人。此三者，常相得腹心，不失銖分，使其同一憂，合成一家，立致太平，延年不疑也。』又問曰：『今何故其生子少也？』天師曰：『善哉子之言也，但施不得其意耳。如令施其人欲生也，開其玉戶，施種於中，比若春種於地也，十十相應和而生。其施不以其時，比若十月種物於地也，十十盡死，固無生者。眞人欲重知其審，今無子之女，雖日百施其中，猶無所生也。不得其所生之處，比若此矣。是故古者聖賢不妄施於不生之地也，名為亡種，竭氣而無所生成。今太平氣到，或有不生子者，反斷絕天地之統，使國少人。理國之道，多人則國富，少人則國貧。今天上皇之氣已到，天皇氣生物，乃當萬倍其初天地。』」）(3)「初，順帝時，琅邪宮崇詣闕，上其師干吉於曲陽泉水上所得神書百七十卷，皆縹白素朱介青首朱目，號《太平清領書》（今潤州有曲陽山，有神溪水；定州有曲陽山，有神溪水；海州有曲陽城，北有羽潭水；壽州有曲陽城，又有北溪水。而干吉、宮崇並琅邪人，蓋東海曲陽是也。縹，青白也。素，縑也。以朱為介道。首，票也。目，題目也。《太平經》曰：「吾書中，善者悉使青下而丹目，合乎吾之道，迺丹青之信也。青者，生仁而有心。赤者太陽，天之正色也。」《江表傳》：「時有道

而是先有「本文」（底本）若干卷，後經崇道者逐漸擴增爲一百七十卷的面貌
〔註6〕。由此，中國學者便推論《太平經》的成書情形是：《太平經》的來

士琅邪于吉，先寓居東方，來吳會，立精舍，燒香讀道書，制作符水以療病，
吳會人多事之。孫策嘗於郡城樓上請會賓客，吉乃盛服趨度門下。諸將賓客
三分之二下樓拜之，掌客者禁訶不能止，策即令收之。諸事之者，悉使婦人
見策母，請之。母謂策曰：『干先生亦助軍作福，醫護將士，不可殺之。』策
曰：『昔南陽張津爲交州刺史，舍前聖典訓，廢漢家法律，常著絳白頭，鼓琴
焚香，讀邪俗道書，云以助化，卒爲蠻夷所殺。此甚無益，諸君但未悟耳。
今此子已在鬼錄，勿復費紙筆也。』」催斬之，縣首於市）。其言以陰陽五行
爲家，而多巫覡雜語（《太平經》曰：「天失陰陽則亂其道，地失陰陽則亂其
才，人失陰陽則絕其後，君臣失陰陽則其道不理，五行四時失陰陽則爲災。今
天垂象爲人法，故當承順之也。」又曰：「天上有常神聖要語，時下授人以言，
用使神吏應氣而往來也。人眾得之謂神咒也。咒百中百，十中十，其咒有可
使神爲除災疾，用之所向無不愈也」）。有司奏崇所上妖妄不經，乃收藏之。
後張角頗有其書焉。」（以上資料見於：范曄，《後漢書》卷三十下，〈郎顗襄
楷列傳〉第二十下，北京：中華書局，1997 年 11 月第一版，頁 292～293）

〔註6〕 此說法見於：(1)王明，《太平經合校》，北京：中華書局，1960 年 2 月第一版，
頁 2；〈論《太平經》的成書時代和作者〉，《道家和道教思想研究》，頁 199。
(2)熊德基，〈《太平經》的作者和思想及其與黃巾和天師道的關係〉，《歷史研
究》，1962 年四期，頁 10。(3)卿希泰，〈《太平清領書》的出現及其意義〉，
收載於：卿希泰，《中國道教思想史綱・第一卷》，成都：四川人民出版社，
1980 年 9 月，頁 36；〈試論太平經的烏托邦思想〉，《社會科學研究》，1980
年二期，頁 95；〈《天官歷包元太平經》的宗教神學特徵〉・〈《太平清領書》的
來歷及其主要思想〉，收載於：《中國道教史・第一卷》，四川人民出版社，1988
年，頁 91；〈《太平經》〉，收載於：卿希泰主編，《中國道教・第二卷》，上海：
知識出版社，1994 年 1 月，頁 56。(4)李養正，〈論《太平經》的人民性〉，《中
國哲學史研究》，1985 年二期，頁 73；另收載於：《道教經史論稿》，頁 99。
(5)湯一介，〈關於《太平經》成書問題〉，收載於：湯一介，《中國傳統文化
中的儒釋道》，北京：中國和平出版社，1988 年 10 月，頁 146～147；〈《太平
經》——道教產生的思想準備〉，收載於：《魏晉南北朝時期的道教》，1991
年 4 月，頁 28。(6)劉仲宇，〈《太平經》與《周易參同契》〉，收載於：牟鍾鑒
等著，《道教通論——兼論道家學說》，山東齊魯書社，1991 年，頁 343～344。
(7)李剛，〈漢代道教哲學的發端——《太平經》〉，收載於：李剛，《漢代道教
哲學》，四川：巴蜀書社，1995 年 5 月，頁 55。(8)龍晦，〈《太平經注》序〉，
收載於：陳鼓應主編，《道家文化研究・第七輯》，上海古籍出版社，1995 年
6 月，頁 165～166。(9)王平，《太平經研究》，台北：文津出版社，1995 年
10 月，頁 10～15。不過，中國學者亦有對「非一人、一時之作」的說法提出
質疑的，如：(1)龔鵬程，〈受天神書以興太平——《太平經》釋義〉，收載於：
龔鵬程，《道教新論》，台北：學生書局，1991 年 8 月，頁 135～137。(2)蘇
抱陽，〈《太平經》成書的幾個問題〉，《世界宗教研究》，1992 年四期，頁 18
～21。

源，可能與西漢成帝時齊人甘忠可的《天官歷包元太平經》有關；而于吉、宮崇、襄楷三人應該是最初的傳授者。因此，推論《太平經》最初可能只有若干卷（一說二卷、另一說十二卷）底本，後經由于吉、宮崇、襄楷等三人的不斷擴充，而成爲一百七十卷定本；且一百七十卷定本最晚在東漢末年（漢末靈、獻之際）已經形成。

而在這「連續性」假設與推論的基礎上，熊德基與王平兩位先生，分別更進一步具體化一百七十卷《太平經》在東漢末年的「成書過程」。熊德基先生根據正統《道藏》中五十七卷《太平經》殘本，將其區分爲「問答體」、「散文體」與「對話體」三類不同文體。並推論：「散文體」與「對話體」部分是屬於《太平經》最初的「本文」（底本），且認爲「散文體」與「對話體」的經文是完全符合所謂「宮崇所獻神書」的內容。至於「問答體」部分，便認爲是出於襄楷之手，是襄楷依據「本文」（散文體與對話體）所擴增的；而成書時間，就是作於他在桓帝延熹八年至九年上書之前的時間〔註7〕。而王平先生對於「問答體」、「散文體」與「對話體」三類文體成書時間與作者的看法，大體上是因襲熊德基先生的說法，所不同處在於王先生只認定「散文體」部分爲《太平經》的「本文」（見於：《太平經研究》，頁 13～14）。而兩人最大的差異處是：對於出於不同時期的「散文體和對話體」與「問答體」的最後拼合過程，熊德基先生的推測是「梁陳間，最晚在唐貞觀年間，被人將兩種書亂拼爲一部，仍定爲百七十卷」（《歷史研究》，1963 年四期，頁 15）；而王平先生則認定是「問答體之作者（或即襄楷本人）將三種文體之作品混編一書，定爲百七十卷」（《太平經研究》，頁 14～15）。換句話說，王平先生認爲十部、一百七十卷形式的《太平經》在東漢末年已經固定與完成；而熊德基先生則推斷在東漢末年以後。最後，王平先生對《太平經》的成書過程作了

〔註7〕以上說法見於：熊德基〈《太平經》的作者和思想及其與黃巾和天師道的關係〉一文，《歷史研究》，1962 年四期，頁 9～15。此外值得一提的是，熊德基先生爲什麼要以正統《道藏》中五十七卷《太平經》殘本作爲考察《太平經》的作者和本來思想面目的依據，原因是：「如所周知，《太平經》本文現只殘存正統道藏本五十七卷。早經有人論證，大體可信是漢代的舊文，……另外有《太平經鈔》十卷，除"甲部"純屬僞造外大體是自本經結鈔出來的。《太平經聖君秘旨》頁 7，亦鈔自經文。此外，還有些舊籍徵引的佚文。總之，這類東西，即使是節鈔或轉述，也難免有失原意，何況更多竄亂。因之，要考察《太平經》的作者和本來思想面目，仍應以五十七卷經的本文爲主要根據。」（頁 8～9）

以下的總結：「今本《太平經》雖通篇爲漢代舊文，但其不同部分爲漢代不同時期之作品，這種差異反映了《太平經》底本與定本間的差異。散文體成書於漢順帝之前，問答體成書於漢末靈、獻之世，而對話體則兩種可能皆有之，但在次序上爲散文體之後，問答體之前。問答體之作者（或即襄楷本人）將三種文體之作品混編一書，定爲百七十卷，並以甲乙丙丁戊己庚辛壬癸均分全書爲十部。漢末以降，《太平經》遂以此固定形式流布於世，爲歷代學者所著錄和徵引。」（頁 14～15）

以上所論述的，以「連續性」假設與推論而成的《太平經》「成書過程」的說法，是犯有「循環論證」之嫌。乃因：中國學者大都認定《太平經》的成書時代是東漢中晚期，作者大概是于吉、宮崇、襄楷等三人。於是在分析現存於《道藏》中五十七卷《太平經》殘本的內容時，發現存在有三種文體（散文體、對話體與問答體）；因而便產生：「爲什麼一本書中會同時存在三種不同文體」的疑問？因此，便將「成書時代」、「作者」與「三種文體」的說法加以合併，便大膽的推斷出「三種文體」的成書時期與作者。繼而又根據這個推測說法推出有所謂「本文」（底本）與「定本」的看法及百七十卷定本的完成年代。如此，將一個有待證明的問題，又以證據的形式出現去證明另一個問題，因此便犯了「循環論證」的謬誤！圖示如下：

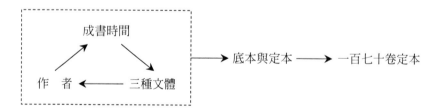

筆者認爲，要避免此「循環論證」的產生，就必須先解決有關《太平經》本身的「性質問題」。也就是說，先對《太平經》一書的「性質」與「作者」問題作出具體釐清，之後以此所衍生的一系列問題（成書方法、時間、卷數、底本與定本、書名定於何時等），自然能有所依據而得到解答。

關於《太平經》一書的「性質問題」，筆者認爲它是一部「宗教神學」性質的「神書」——受天神書。理由如下：

（一）由《太平經》中的經文，可見「神人授書」這一事實。如：

卷四十四〈案書明刑德法〉中眞人純云：「純今所問，必且爲過責甚深，吾歸思師書言，悉是也，無以易之也。但小子愚且蒙，悒悒不

知明師皇天神人於何取是法象？……，願師既哀憐，示其天證陰陽之訣、神祇之卜要效。今且不思，心中大煩亂，所言必觸師之忌諱。又欲言不能自禁絕，唯天師雖非之，願以天之明證法示教，使可萬萬世傳，昭然無疑，比若日中之明也，始終不可易而去也。」（王明，《太平經合校》，頁 104，以下只註頁數）而天師回答說：「今子得書，何不詳結心意，丁寧思之，幽室閑處。念天之行，乃可以傳天之教，以示救愚人，以助帝王爲法度也。」（頁 109）及「子德（得）吾書誦讀之，而心有疑者，常以此書一卷，自近旦夕常案視之，以爲明戒證效，乃且得天心意也。」（頁 109～110）

又卷三十七〈試文書大信法〉中弟子所提出的疑問：「請問此書文，其其凡大要，都爲何等事生？爲何職出哉？」（頁 54）天師回答說：「行，子以爲吾書不可信也。試取上古人所案行得天心而長吉者書之，復取中古人所案行得天心者書策之，復取下古人所所思務行得天意而長自全者文書，宜皆上下流視考之，必與重規合矩無殊也。迺子蒙且大解，乃後且大信吾書言也。」（頁 56）「行，書多悉備，頭足腹背，表裏悉具，自與眾賢共案之。」（頁 57）

又卷四十六〈道無價卻夷狄法〉中弟子云：「天師將去，無有還期，願復乞問一兩結疑。」（天師回答說）「行，今疾言之，吾發已有日矣，所問何等事也？」（弟子曰）「願乞問明師前所賜弟子道書，欲言甚不謙大不事，今不問入，猶終古不知之乎？」「今師前後所與弟子道書，其價值多少？」（頁 126）

又卷四十七〈上善臣子弟子爲君父師得仙方訣〉中天師云：「天旦（且）怒吾屬書於眞人，疾往付歸之，上德君得之以治」（頁 134）

又卷六十七〈六罪十治訣〉中天師云：「今吾已去世，不可妄得還見於民間，故傳書付眞人，眞人反得，已去世俗，不可復得爲民間之師。故使眞人求索良民而通者付之，今趨使往付歸有德之君也。」（頁 255）

又卷九十四至九十五〈闕題〉：「吾圖書已盡，無復可陳，致勉學詳請其文。神人將去，故戒眞人，愼之愼之，亦無妄傳，不得其人，愼無出焉，藏之深淵幽冥之間。」（頁 403～404）

又卷九十八〈男女反形訣〉中弟子云：「天師前所賜子愚生書本文，
有男女反形，願聞其意。」（頁448）

通過上述這些引文可知，神人把這部「神書」陸續傳授給眞人，而神人與眞
人是以師徒關係傳授此天文神書。

（二）史書與道書中亦存在「神人授書」這一事實。主要有下列十五種
說法：

1. 晉葛洪《神仙傳》：「宮崇者，琅邪人也。有文才，著書百餘卷。
   師事仙人于吉。漢元帝時，崇隨吉於曲陽泉上遇天仙，授吉青縑
   朱字《太平經》十部。吉行之得道，以付崇。後上此書，書多論
   陰陽否泰災眚之事，有天道，有地道，有人道，云治國者用之，
   可以長生，此其旨也。」

2. 敦煌本成玄英《老子開題》：「赧王時，授干室（按即于吉）《太
   平經》並百八十戒。」

3. 唐釋法琳《辨正論》：「赧王之世，干室以疾病致感老君，受百八
   十戒并《太平經》一百七十卷。」（《廣弘明集》卷十三）

4. 唐王懸河《三洞珠囊》卷九：「老子與尹喜至西國作佛《化胡經》
   六十四萬言與胡王，後還中國作《太平經》。」又《三洞珠囊》
   卷一〈救導品〉引《神仙傳》佚文云：「（帛和）以素書二卷授干
   君，誡之曰：卿得此書，不但愈病而已，當得長生，干君再拜受
   書。公又曰：卿歸，更寫此書，使成百五十卷。干君思得其意，
   內以治身，外以消災救病，無不差愈。在民間三百年，道成仙去
   也。」

5. 唐王松年《仙苑編珠》中曰：「于吉，北海人也。患癩瘡數年，
   百藥不愈。見市中有賣藥公，姓帛名和，因往告之。乃授以素書
   二卷。謂曰，此書不但愈疾，當得長生。吉受之，乃《太平經》
   也。行之疾愈。乃於上虞釣臺鄉高峰之上，演此經成一百七十卷。」

6. 唐杜光庭《太上黃籙齋儀》卷五十二：「老君授干吉《太平經》。」
   （又見杜光庭《無上黃籙大齋立成儀》卷二十一）

7. 《老君說一百八十戒序》曰：「昔周之末，赧王之時，始出太平
   之道，太清之教。老君至瑯琊，授道與干君。干君受道法，遂以
   得道，拜爲眞人。又傳《太平經》一百七十卷甲乙十部。後帛君

篤病，從干君授道護病。病得除差，遂復得道拜為真人。」（文見：《太上老君經律》及《雲笈七籤》卷三十九）

8. 《三天內解經》：「太上於瑯琊以《太平道經》付干吉」。

9. 宋謝守灝《混元聖紀》卷一引《後漢書》云：「（漢成帝）河平二年甲午，老君降於瑯琊郡曲陽淵，授干吉《太平經》。」（今范曄書無其文，此當出已佚之《後漢書》）

10. 宋賈善翔《猶龍傳·序》：「孝成時，授于吉《太平經》。又曰：孝成時，北海人干吉於瑯琊遇太上，授之。至後漢順帝時，瑯琊人宮崇詣闕投進。其表云，臣親受於干吉，吉言親受於太上，凡一百七十卷也。」又《猶龍傳》卷四：「授干吉《太平經》。按：《太平經》有云干吉撰，或云得之於水上。而內傳所載，即在孝成帝河平年間，混元分身，下遊瑯琊郡曲陽泉，授北海人干吉《太平經》一百七十卷。」

11. 宋蕭應叟《元始無量度人上品妙經內義》：「老君授干吉真人太平之道」。

12. 元趙道一《歷世真仙體道通鑑》卷二十〈干吉傳〉：「吉於曲陽流水上得神書百餘卷，皆赤界、白素、青首、朱目，號曰《太平青領書》。時漢成帝河平二年甲午也。蓋吉親受於老君，今道家《太平經》也。其經以甲乙丙丁戊己庚辛壬癸為部，每部一七十卷。」

13. 無名氏《清靜經註》：「成帝時，老君授干吉《太平真經》。」

14. 明白雲霽《道藏目錄詳註》卷四云：「太上老君親授《太平經》。其經以甲乙丙丁戊己庚辛壬癸為部，每部一七十卷，編成一百五（七）十卷。皆以修身養性，保精愛神，內則治身長生，外則治國太平，消災治疾，無不驗之者。」

（以上資料轉引自：〈《太平經》著錄考〉，王明《太平經合校》，頁747～751。及〈《太平經》考證〉，陳國符《道藏源流考·上冊》，頁82～87）

15. 《太平經複文序》：「皇天金闕後聖太平帝君，太極宮之高帝也，地皇之裔。……君有太師，上相上宰上傅，公卿侯伯，皆上真察屬，垂謨作典，預令下教。故作《太平複文》，先傳上相青童君，

傳上宰西城王君，王君傳弟子帛和，帛和傳弟子干吉。干吉初得
惡疾，殆將不救，詣帛和求醫。帛和告曰，吾傳汝《太平本文》，
可因易爲一百七十卷，編成三百六十章，普傳於天下，授有德之
君，致太平，不但疾愈，兼而度世。干吉授教，究極精義，敷演
成教。」（《太平經合校》，頁 744）

上述授書神人不論是太上、老君、太上老君或後聖太平帝君，皆說明「神人
授書」這一事實。

（三）史書與道書中皆稱《太平經》爲「神書」：

1. 范曄《後漢書‧襄楷傳》，桓帝延熹九年，襄楷上疏曰：「臣前上
　琅邪宮崇受干吉神書，不合明聽。」復上書曰：「前者宮崇所獻神
　書，專以奉天地順五行爲本，亦有興國廣嗣之術。其文易曉，參
　同經典，而順帝不行，故國胤不興。」《襄楷傳》又云：「初，順
　帝時，琅邪宮崇詣闕，上其師干吉於曲陽泉水上所得神書百七十
　卷，皆縹白素朱介青首朱目，號《太平清領書》。其言以陰陽五行
　爲家，而多巫覡雜語。有司奏崇所上妖妄不經，乃收藏之。後張
　角頗有其書焉。」唐章懷太子李賢注曰：「神書，即今道家《太平
　經》也。其經以甲、乙、丙、丁、戊、己、庚、辛、壬、癸爲部，
　每部十七卷也。」

2. 漢牟子《理惑論》：「神書百七十卷。」（《弘明集》卷一）

3. 《志林》：「初，順帝時，琅邪宮崇詣闕，上師干吉所得神書於曲
　陽泉上，白素朱界，號《太平青道書》，凡百餘卷。」（《吳志》卷
　一〈孫策傳〉裴注）

4. 梁孟安排《道教義樞》卷二〈七部義〉：「漢順帝時，宮崇上其師
　干吉所得神書百七十卷，號《太平經》。」

5. 《太平御覽》卷六七三〈像天地品〉：「後漢順帝時，曲陽泉上得
　《神書經》一百卷：內七十卷皆縹白素、朱界、青縹、朱書，號
　曰《太平青道》。」

6. 《雲笈七籤》卷一百一十一〈洞仙傳〉：「干吉者，瑯琊人也。常
　遊於曲陽流水上，得神書百餘卷，皆赤界、白素、青首、朱目，
　號曰《太平青錄書》。」

7. 元趙道一《歷世眞仙體道通鑑》卷二十〈干吉傳〉：「吉於曲陽流

水上得神書百餘卷，皆赤界、白素、青首、朱目，號曰《太平青
領書》。時漢成帝河平二年甲午也。蓋吉親受於老君，今道家《太
平經》也。其經以甲乙丙丁戊己庚辛壬癸爲部，每部一七十卷。」
（以上資料轉引自：〈《太平經》著錄考〉，《太平經合校》，頁747～
750）

由上述的三種例證，證明《太平經》一書的「性質」應是一部受天的「神書」
〔註8〕。且筆者認爲《太平經》這部「神書」，其性質極類似於今日台灣民間
鸞堂常見的「鸞書」（或稱「善書」）。而其成書方式亦可能與鸞書的成書方式
——「扶箕」（扶鸞）相似。〔註9〕

〔註8〕根據《太平經》中神人授書的事實及其它史書和道書中所載的神人授神書的
記載，似可這樣推測：(1)史書和道書中所記授書之神仙（或云老君）似即指
《太平經》中的神人；(2)而史書和道書中所謂神仙所傳授之《太平本文》，
或即是指《太平經》中天師神人所授神書；(3)史書和道書所記之神人授書一
事，雖然眾說紛紜，但很多都認爲《太平本文》是《太平經》借以形成的基
礎，這一點與今存《太平經》的情況亦十分相符合。此外值得一提的是，中
國學者對於《太平經》的「性質」，大致上是認爲其是一部「道教經典」。理
由有三：(1)中國學者經過考證後，普遍認爲《太平經》成書於東漢中晚期。
(2)學術界普遍認爲道教創立於東漢末年，且創始者爲張道陵。(3)《後漢書·
襄楷傳》有所謂：「張角頗有其書（《太平經》）」這句話，因此便認爲《太平
經》與張角的太平道有關。經由合併上述三種說法，於是便推出：《太平經》
爲道教初創時期的經典，它本質上是一部「道教經典」的說法來。但，筆者
認爲上述三種說法的合併，經由「三段論式」的檢證，並不能推出「《太平經》
是一部道教經典」這一說法來。「三段論式」如下：

《太平經》成書於東漢末年--------------------（大前題）

張道陵創立道教於東漢末年--------------------（小前題）

《太平經》成書於張道陵創立道教之初------（結論）【大前題】

《太平經》與張角的太平道有關--------------【小前題】

└──→推不出「《太平經》是一部道教經典」這個結論來！

〔註9〕所謂「鸞堂」是「台灣民間信仰頗爲興盛的宗教流派，又稱鸞門、聖堂、聖
門、儒門，或稱儒宗神教、儒宗聖教、儒宗鸞教等。鸞堂標榜以儒爲宗以神
爲教，主祀恩主公，有些學者稱爲『恩主公崇拜叢』或『儒道教』。鸞堂與一
般民間廟宇最大的不同，在於其扶乩闡教的鸞生組織與宗教活動。」（鄭志明，
《中國文學與宗教》，台灣學生書局，1992年9月，頁217）而「鸞堂偏重在
文字宣化的扶箕活動，一般稱爲文乩，以別於舌語（glossolalia）的童乩。……
扶鸞著書是鸞堂團體性的儀式活動，以傳達神諭的靈媒爲核心，組合信徒共

第二節　《太平經》的作者及造經方式

　　既然，《太平經》是一部「受天神書」，且其中有「神人授書」這一事實，那自然就產生「授書人」與「受書人」這一問題──即「作者」問題。繼而

同參與神聖降壇因緣說法的神秘宗教體驗，在莊嚴隆重的儀式氣氛中，感染著神靈付體的悸動情緒。」（頁221）。簡言之，鸞堂「爲一種以扶乩（扶鸞）爲神人溝通方式的宗教組織。」（王志宇，《台灣的恩主公信仰──儒宗神教與飛鸞勸化》，台北：文津，1997年11月，頁29）另外，王志宇先生又將「鸞堂」的定義區分爲二層涵義「一是廣義的鸞堂泛指使用扶鸞進行神人溝通的組織；另一個層面的意義是狹義的，所指爲以三恩主信仰爲核心所發展出來的『儒宗神教』。」（頁31）而所謂「鸞書」：「來自於扶乩的宗教儀式，以爲仙佛臨壇降靈，用勸世詩文來代天宣化。就其本質而言，應屬於傳統巫術的教義宣導，闡揚民間的終極信仰與觀念系統；就其形式而言，可歸類爲另一種形態的原始文藝，是神人交流的文藝創作，經由巫師的文字傳播，積極地參與民間文化的具體實踐。……鸞書除了特意著作的經典與寶懺外，大多爲頗具文學形式的民間作品，雖然不是口耳相傳的民間文學，但是仍可視爲民眾集體性的文藝創作。早期以古文和詩詞的形式，來傳達諸神教化旨意或因果報應不爽的故事。近年來隨著語體文學的流行，也接納了新文學的創作形式，來表達其勸化人心與挽轉世風的教化目的。然而新詩的作品不多，以散文、小說爲主，夾雜文句淺白的詩詞。」（《中國文學與宗教》，頁189～190）另外，「鸞書亦是傳統神秘學說的集大成者，舉凡占卜、扶乩、神算、符咒、啓靈、渡亡、禪機、神通等神秘經驗與神人溝通方式，統統被吸融進去，架構著豐富且多姿的靈異世界。」（頁222）簡言之，「鸞書是扶鸞的文字記載，扶鸞即扶箕。」（鄭志明，《中國善書與宗教》，台灣學生書局，1993年9月，頁416）至於，「扶箕」即是：「個人與神溝通下的符號與象徵，也是一種神聖儀式，藉著文字的宣導，復振傳統倫理道德，提昇內在性命的修持，經由形式化的儀式以達到實質的目的。」（頁416）換句話說，「飛鸞儀式是一種與超自然力（神明）溝通的信仰行爲，其方式是以桃柳做彫鸞狀爲筆，由正鸞生執筆，任由神靈揮毫題字於沙盤，以傳意而化人，其目的在於借柳筆以傳心，假沙盤而度世。」（頁381）而有關扶鸞著書的起源，王志宇先生根據許地山先生《扶箕迷信的研究》一書的記載，認爲「有關扶鸞著書的起源，從目前掌握之證據，實難以遽下論斷，不過以扶鸞活動而言，目前有關扶鸞活動的記載，可上溯至魏晉之時，當時降鸞下來的神明有紫微王夫人、南嶽夫人、清靈眞人等。」（《台灣的恩主公信仰──儒宗神教與飛鸞勸化》，頁29）易言之，其認爲有關扶鸞活動的記載，最早應始於陶弘景《眞誥》中有關紫微王夫人、南嶽夫人、清靈眞人等相繼降鸞於世的說法（許地山先生《扶箕迷信的研究》，台灣商務印書館，1994年5月，頁8～12）。對於扶鸞活動的記載，最早應始於陶弘景《眞誥》一書的說法，筆者認爲是有待商榷的！乃因，早在《太平經》中便出現神人（太上老君）降世授書的事實。因此，筆者有所懷疑《太平經》的性質與成書方式，是與今日台灣民間鸞堂中的「鸞書」（或稱「善書」）極爲類似。

又衍生出：是否在神人授書時，其「神書」卷數就是百七十卷——即有無「本文」（底本）與「定本」問題。關於上述問題，我們試著從五十七卷殘本中去尋找線索。今正統《道藏》中五十七卷《太平經》殘本，經仔細檢視全文後，發現其文體形式、風格極不統一，大體上可分成三類，即：「散文體」、「對話體」與「問答體」。第一類「散文體」，是以敘述形式行文，文中常有四言韻語文句，間見「眞人」、「神人」、「天君」之語，其中絕無「天師」之稱。第二類「對話體」，則是「眞人」、「大神」或「神人」及「天君」相互間之對話，且多以「唯」字開頭，風格與散文體相近，亦無「天師」之稱。第三類「問答體」，以「眞人純」與「天師」間問答形式表現，每篇都有開頭與結尾的完整文字，常以「唯唯」二字結尾，其中絕無「天君」稱謂〔註10〕。如此，我們便會產生「爲什麼一本書中會同時存在三種不同文體形式？」的疑問來。關於這個問題，中國學者大多是從「《太平經》百七十卷非一時、一人所作」的角度來處理此問題。筆者認爲此問題的處理角度與方向是無誤的！但，缺點在於太過籠統與模糊，如此並不能針對問題而作出精準的解答來。換句話說，就是僅說明《太平經》非一時、一人所作，並不能具體解決「作者是何

〔註10〕 對於《太平經》中文體形式、風格之區別，中國學者中最早注意到的是熊德基先生其在 1962 年所發表的《太平經》的作者和思想及其與黃巾和天師道的關係〉一文中，將今存五十七卷殘經分成三類，即：「第一類：爲問答體。即眞人純與天師的問答。（或對稱師、子、明師、愚生）每篇都是有開場有結尾的完整文字。而其中絕無天君。這類計有卷三十五、三十六、三十七、三十九、四十、四十一、四十二、四十三、四十四、四十五、四十六、四十七、四十八、四十九、五十之第六十七這一篇、五十一、五十三、五十四、六十五、六十六、六十七、六十八、六十九、七十、七十一（其中一〇八篇除外）、七十二、八十六、八十八、九十、九十一、九十二、九十三、九十六、九十七、九十八、一〇二、一〇八、一〇九、一一三、一一六、一一七、一一八、一一九等四十三卷（共八十三篇）。第二類，爲散文體。其中絕無天師，間見眞人、大神、天君。文中常有如《老子》等書的四言韻語，……此類包括卷五十中之第六十八至七十七等篇，卷五十五之第八十三篇，卷八十九，卷一一一中之一八〇、一八一篇，卷一一二，及卷一一四中之第一九二至第一九六篇、第二〇三篇。第三類，可名之爲對話體。是眞人、大神或神人及天君相互間之對話。而無天師。文字不及問答體流暢。每篇開始，多用唯字，——僅見於卷七十一中之第一〇八篇，卷一一〇，卷一一一及卷一一四中之第一九七、一九八篇。」（《歷史研究》，1962 年四期，頁 9～10）類似的觀點尚見於：(1)蘇抱陽，〈《太平經》成書的幾個問題〉，《世界宗教研究》，1992 年四期，頁 19～21。(2)王平，《太平經研究》，台北：文津出版社，1995 年 10 月，頁 13～14。

人？」這個問題。因而，我們試著從「非一時、一人所作」的角度出發，配合「三種文體說法」的方向，再加上「神人授書」這一事實；我們似乎可推測出「《太平經》成書情形」的大致輪廓：似乎在神人授書之初，神書並非已有百七十卷；因此應該有所謂「本文」（底本）存在，而「本文」的作者似乎就是授書的神人——太上老君。至於最後擴增為百七十卷的形式，作者應該是六眞人、帛和、宮崇、襄楷等人。而所謂存在三種文體的情形，應該是不同作者作於不同時期的結果。換言之，《太平經》的「作者」是神人（或云太上老君），成書初期應該只有「本文」數卷存在，後經由神人所授書的眞人、眞人弟子及再傳弟子增衍成百七十卷的「定本」。由此，在百七十卷的定本中便出現三種不同形式的文體來（因不同作者增衍的原因）！

上述《太平經》成書情形的推測，如果再以「鸞書」這個要素加以補充，那《太平經》的「成書情形」將更爲具體，即：根據諸道書所記于吉親受神書的記載，結合《太平經》中記載的授書事實，于吉很可能是經中所記的神人弟子——六眞人之一。如《老君說一百八十戒敘》所云：「老君至瑯琊，授道與干君，干君受道法，遂以得道，拜爲眞人。」（《太平經合校》，頁 749）及《元始無量度人上品妙經內義》曰：「老君授干君眞人太平之道」（《太平經合校》，頁 750）；且道書又多次記載他親受神書的情形，這似可說明他與那位神人（老君）似有受授的關係，因此我們便可以這樣說，《太平經》最初是由神人（老君）授書給眞人于吉。

而「授書的方式」，我們試著從《太平經》中去尋找線索，卷五十〈神祝文訣〉：「天上有常神聖要語，時下授人以言，用使神吏應氣而往來也。人民得之，謂爲神祝也。……祝是天上神本文傳經辭也。其祝有可使神仡爲除疾，皆聚十十中者，用之所向無不愈者也。但以言愈病，此天上神讖語也。良師帝王所宜用也，集以爲卷，因名爲祝讖書也。是乃所以召神使之，故十愈也。」（頁 181）這一段話告訴我們：第一，所謂「神祝文」是神所說的「話」；第二，這又是通過巫祝之口傳達出來的；第三，將這些話拿來用以治病，當諷誦之時，因有「神力加持」，所以病也就能痊癒。從這個解釋中，我們似乎看到了《太平經》在造作經典時的一種重要方式：「神語」通過人口而傳出，再由弟子加以記錄。這實際上是一種「扶乩降筆」之法。巫祝（或道人）在「入神」狀態開口講話時，身旁輔助者往往可根據需要而針對某事進行提問，從而引出巫祝或「神人附體」的道人滔滔不絕的講話。這種造經方式，實類似

於台灣民間鸞堂神人降世附乩，經由扶鸞（扶箕）而造作經典的情形。

　　而于吉與宮崇的關係，我們來看史書與道書中的說法：

　　　《後漢書・襄楷傳》：「初，順帝時，琅邪宮崇詣闕，上其師干吉於
　　　曲陽泉水上所得神書百七十卷，皆縹白素朱介青首朱目，號《太平
　　　清領書》。」（《太平經合校》，頁747）

　　　晉葛洪《神仙傳》：「宮崇者，琅邪人也。有文才，著書百餘卷。師
　　　事仙人于吉。漢元帝時，崇隨吉於曲陽泉上遇天仙，授吉青縑朱字
　　　《太平經》十部。吉行之得道，以付崇。」（頁747）

　　　《志林》：「初，順帝時，琅邪宮崇詣闕，上師干吉所得神書於曲陽
　　　泉上，白素朱界，號《太平青道書》，凡百餘卷。」（頁748）

　　　梁孟安排《道教義樞》卷二〈七部義〉：「漢順帝時，宮崇上其師于
　　　吉所得神書百七十卷，號《太平經》。」（頁748）

由上述的說法，我們似可確認一個事實：于吉與宮崇間有師徒的關係存在，
于吉從神人處受神書，然後交由弟子宮崇詣闕獻書。

　　但，宮崇為何要獻書？于吉為什麼不自己親自獻書？又是誰要他獻書
的？關於這些問題似乎只能通過《太平經》才能得到答案。

　　　卷三十五〈分別貧富法〉：「今真人以吾書付有道德之君，力行之令
　　　效，立與天相應，而致太平。」（頁32）「真人慎之，無去此書，以
　　　付仁賢之君。」（頁36）

　　　卷四十五〈起土出書訣〉：「書以付歸有德之君。」（頁124）

　　　卷四十六〈道無價卻夷狄法〉：「天地之運，各自有歷，今且案其時
　　　運而出之，使可常行，而家國大吉，不危亡。所以不付小人，而付
　　　帝王者，帝王其歷，常與天地同心，乃能行此。」（頁130）

　　　卷四十七〈上善臣子弟子為君父師得仙方訣〉：「天旦（且）怒吾屬
　　　書於真人，疾往付歸之，上德君得之以治。」（頁134）「欲使真人
　　　以文付上德之君。」（頁135）「但以文書付歸德君。德君，天之子
　　　也，應天心。」（頁141）「以此書付道德之君，令出之。」（頁142）
　　　〈服人以道不以威訣〉：「故以此示真人也，以付上德君。」（頁145）

　　　卷四十八〈三合相通訣〉：「真人傳書，付有德之君，審而聆吾文言，

立平立樂，災異除。」（頁 152）

卷四十九〈急學眞法〉：「眞人以吾書付歸有道德仁明之君。」（頁 167）

卷五十三〈分別四治法〉：「逢能通者與之，使其往付歸有德之君，帝王象之，以是爲治法，必且如神矣。」（頁 199）

卷六十七〈六罪十治訣〉：「天將祐帝王，予其琦文，……天將欲興有德人君也，爲其生神聖，使其傳天地談，通天地意。」（頁 254）「今吾以去世，不可妄得還見於民間，故傳書付眞人，眞人反得，以去世俗，不可復得爲民間之師。故使眞人求索良民而通者付之，今趣使往付歸有德之君也。」（頁 255）

卷七十三至八十五〈闕題〉：「速以吾此文付上德之君行之。」（頁 305）

卷八十六〈來善集三道文書訣〉：「行去，付上德之君急急。」（頁 326）

卷八十八〈作來善宅法〉：「以此書付歸上皇道德之帝王。」（頁 332）

卷九十三〈國不可勝數訣〉：「子但持吾書，往授教其一有大德之國。」（頁 391）

卷九十七〈妒道不傳處士助化訣〉：「故常敕眞人使出吾道，以付上道德之君。」（頁 434）

卷一〇二〈位次傳文閉絕即病訣〉：「吾位職在天，眞人位職在地。地者出萬物。故天生者，於地養之。故吾傳道於眞人。地生君王凡民萬二千物，悉得陽施，從陰中出，故子得傳於人。」（頁 462）

卷一一二〈有過死謫作河梁戒〉：「神人眞人求善人，能傳書文……眞人急以此文付有德之國。」（頁 574～575）

卷一一八〈天神考過拘校三合訣〉：「今以文付眞人，歸有德君，以示天下。」（頁 672）

從上述引文，天師神人屢次囑咐其弟子要將書獻給帝王，願望極為殷切。但其弟子也無力上達京闕，只有尋求能通者代為傳遞。所以，《太平經》中天師神人授書給弟子並命其尋求傳書者這一事實，似與于吉受神書而其弟子宮崇獻書這一事實有內在聯繫，這位宮崇很可能就是于吉所找到的「能通者」，于吉則亦極可能是六真人之一。這樣把宮崇獻書同《太平經》中的記載聯繫起來，就可以說明其獻書的原因和為什麼是由宮崇而不是由那位授書的神人或于吉來獻書的緣故了。

第三節　《太平經》有無「底本」與「定本」問題

接著，我們便要問：東漢順帝時宮崇所獻的神書，是否就是今本的《太平經》？換句話說，今本《太平經》是宮崇所獻神書之原本，還是僅是以宮崇所獻神書為底本而擴充、增衍的一部新書。簡言之，即《太平經》是否有「本文」（底本）與「定本」的存在？關於這個問題，我們試從下列幾個方向來尋求解答。

首先，《太平經》中的許多篇章都是神人與真人師徒間對「神書」所作的討論。

> 卷三十七〈試文書大信法〉：「大頑頓曰（日）益暗昧之生再拜，今更有疑，乞問天師上皇神人。」「所問何等事也？」「請問此書文，其凡大要，都為何等事生？為何職出哉？」「善哉善哉！子之問事，可謂已得皇天之心矣，此其大要之為解。天地開闢巳（以）來，帝王人民承負生，為此事出也。」（頁54）

> 卷三十九〈解師策書訣〉：「真人稽首再拜，唯唯。請問一疑事解。」「平言何等也？」「天師前與愚昧不達之生策書凡九十字。謹歸思於幽室，閒處連日時，質性頑頓，晝夜念之，不敢懈怠，精極心竭，周偏不得其意：今唯天師幸哀不達之生，願為其具解說之，使可萬萬世貫結而不忘。」「善哉，子之問難乎，可謂天人也。諾。真人詳聆聽，為子悉解其要意。」（頁63）

> 卷四十一〈件古文名書訣〉：「日益愚闇曚不闓生謹再拜，請問一事。」「平言」真人迺曰：「自新力學不懈，為天問事。」……「唯唯。今小之道書，以為天經也。拘校上古中古下古聖人之辭以為聖經也，

拘校上古中古下古大德之辭以爲德經也，拘校上古中古下古賢明之
辭以爲賢經也。今念天師言，不能深知其拘校之意，願天師闓示其
門戶所當先後，令使德君得之以爲嚴教也，敕眾賢令使各得生校善
意於其中也。」「然，精哉眞人問事，常當若此矣。善哉善哉！諾，
吾將具言之，眞人自隨而記之，愼毋失吾辭也。」（頁 83～84）又
「願請問一疑事。」「平言之。」「今天地開闢以來，神聖賢人皆爲
天所生，前後主爲天地語，悉爲王者制法，可以除災害而安天下者。
今帝王按行之，不失天心陰陽規矩，其所作文書，各有名號。今當
名天師所作道德書字爲等哉？」「善哉，眞人之問事也。」「然，名
爲大洞極天之政事。」（頁 87）

卷四十四〈案書明刑德法〉：「眞人純謹敬拜，純今所問，必且爲過
責甚深，吾歸思師書言，悉是也，無以易之也。但小子愚且蒙，悃
悃不知明師皇天神人於何取是法象？……」「然，子固固不信吾言
邪？子自若未善開通，知天心意也。……吾且與子語，皆已案考於
天文，合於陰陽之大訣乃後言也。子來者爲天問事，吾者爲天傳言
制法，非敢苟空僞言佞語也。」（頁 104～105）

卷四十六〈道無價卻夷狄法〉：「天師將去，無有還期，願復乞問一
兩結疑。」「行，今疾言之，吾發已有日矣，所問何等事也？」「願
乞問明師前所賜弟子道書，欲言甚不謙大不事，今不問入，猶終古
不知之乎？」「行勿諱。」「今唯明師開示下愚弟子。」「諾。」「今
師前後所與弟子道書，其價值多少？」（頁 126）

卷四十八〈三合相通訣〉：「純謹再拜，請問一事。」「眞人所疑者，
何等也哉？」「朝學暮歸，常居靜處，思其要意，不敢有懈也。今天
師書辭，常上皇太平氣且至，今是何謂爲上？何謂爲皇？何謂爲太？
何謂爲平？何謂爲氣？」（頁 146）

卷五十一〈校文邪正法〉：「純稽首戰慄再拜。」「子復欲問何等哉？」
「純今見明師正眾文諸書，迺爲天談也，吾恐亥驚，不知可先後，
當以何能正得此書實哉？」「子欲樂得其實者，但觀視上古之聖辭，
中古之聖辭，下古之聖辭，合其語言，視其所爲，可知矣。復視上
古道書，中古道書，下古道書，三合以同類相召呼，復令可知矣。」

「今凡書文，盡爲天談，何故其治時亂時不平？願聞之。」「然能正其言，明其書者理矣；不正不明，亂矣。正言詳辭必致善，邪言凶辭必致惡。今子難問不止，會樂欲知之。」（頁187～188）

卷六十六〈三五優劣訣〉：「大暗愚日有不解，冥冥之生稽首再拜，問一大疑。」「何等也？」「書中比比道天上皇氣且下，今訖不知其爲上皇氣云何哉？」「子迺知深疑此，可謂以得道意矣。行明聽，爲眞人具陳之。」（頁234）

卷七十〈學者得失訣〉：眞人謹問：「吾復欲都合正所寫師前後諸文，使學者不得妄言，豈可聞乎？」（頁276）

卷九十一〈拘校三古文法〉：「請問天師之書，乃拘校天地開闢以來，前後賢聖之文，河雒圖書神文之屬，下及凡民之辭語，下及奴婢，遠及夷狄，皆受其奇辭殊策，合以爲一語，以明天道，曾不煩乎哉不也？」（頁348）

卷九十三〈方藥厭固相治訣〉：「今愚生得天師文書，拘校諸文及方書，歸居閒處，分別惟思其要意，有疑不能解，願請問一事。」「言之。」「今天師拘校諸方書，十十治愈者方，使天神治之也，十九治愈者方，使地神治之；十八治愈者方，使人精神治之。過此以下者，不可用也。愚生以爲但得其厭固可畏者，能相治也，不得其厭固者，不能相治也。」「善哉！眞人言也，得其難意。」（頁383）

卷九十八〈男女反形訣〉：「願復請問一疑事。」「言之。」「天師前所賜子愚生書本文，有男女反形，願聞其意。」「噫！子書略已說可睹，何故復問之乎？」「心愚閉難聞示，唯及天師訣問之。」「諾。安坐，方爲子言之。」（頁448～449）

卷一〇八〈災病證書欲藏訣〉：「請問天師書以何知其欲見行，以何知其欲見逃也？」「子欲明之邪？以災病爲證也。出而病人，即天欲藏也；逃而病人，即天欲出行也。」「以何重明之？」「以天行四時氣，生養萬物，隨天意也。凡物樂出，而反逃藏之，大凶矣。凡物欲逃藏，而反出之，亦大凶也。悉爲逆天命，後皆有大災矣。子欲樂知吾天天樂行，不以是爲占也。眞人知之邪？」（頁514～515）

上述引文，給我們一個印象：幾乎所有的「神眞對話」，都是天師上皇神人就其所授「神書」的內容所作的解釋、引伸與發揮。可以想見，這位神人在授書之初，其弟子對祂所作「神書」的來歷大爲疑惑，對其書中的內容亦不甚了解，所以眞人多所問難、請教，而神人則詳細爲其解答、說明。因此，筆者認爲這些「神眞對話」，應該是眞人針對神人所初授的「神書」內容，所作的問難與請教；且經中所提到的天師弟子至少有六人之多（頁 259），除知一人名爲「純」外，其餘皆不知姓名。這些弟子把每一次對話內容都記錄下來，並加以編輯、整理。因此現存《太平經》中的「神眞對話」部分，即是由這些對話編輯而成的。由於，似乎「神眞對話」部分是針對神人所初授的「神書」內容而加以解釋、引伸與發揮。可見，除了在師徒傳道之時業已存在的神書外，尙還有「神眞對話」的記錄，這兩者的作者自然是同一個人，即經中的天師神人（記錄者是六眞人）；而且天師談話是對其「初授神書」的闡述發揮，所以經中「神眞對話」部分和「初授神書」部分思想應是一致的。

其次，之前我們曾經談到，在今正統《道藏》中五十七卷《太平經》殘本，其文體形式、風格可分成三類：散文體、對話體、問答體。且此三類中「散文體」與「對話體」的形式、風格是相近的。而經由熊德基先生的考證，「問答體」經文出於襄楷之手，寫作時間是在漢桓帝延熹八年至九年上書之前。〔註11〕

綜合上述的說法，既然「問答體」的作者是襄楷，而《太平經》中「初授神書」部分與「神眞對話」部分的作者是神人（記錄者是六眞人），且其思想是相近、一致的。因此，我們便可如是預測：「散文體」應該就是「初授神書」的內容，而「對話體」應該就是屬於「神眞對話」的內容；而其作者應該就是那位授書的神人（太上老君）干吉、宮崇所扮演的角色，干吉應該是

〔註11〕熊德基先生在 1962 年所發表的〈《太平經》的作者和思想及其與黃巾和天師道的關係〉一文中，從《太平經》中陳述的出書時間「乙巳而出」（頁 459）這句話，考證出「乙巳乃漢桓帝延熹八年」；原因乃是：據《後漢書・襄楷傳》中襄楷上書的內容與《太平經》的「問答體」部分作比較，認爲「襄楷兩疏的全部內容與思想，在經文中無不有其反映。從《太平經》中所反映的政治形勢，也正是順帝至桓帝時的歷史實際。」因此「問答體」的經文，是襄楷作於漢桓帝延熹八年至九年上獻書之前（以上說法見於：《歷史研究》，1962年四期，頁 10～12）。類似的說法尙見於：王平，《太平經研究》，1995 年 10月，頁 14～15。

神人所授書的六眞人之一，宮崇則是干吉所找到的「能通者」。因此在東漢順帝時宮崇所獻的神書，其內容應該包括「散文體」與「對話體」兩部分。宮崇第一次獻書遭拒絕，這引起了天師弟子們的不滿與失望，《太平經》中有段話似提及此事，卷一一二〈不忘誡長得福訣〉：「書當末用，帝王未信也。佞者在測，書不見理也。」（頁582～583）這段話不太可能出自神人之口，極可能是其弟子或再傳弟子所寫，所以說《太平經》中除神人的「初授神書」部分和「神眞對話」外，尚還有一部分爲數不少的「晚出文」。而此「晚出文」應該就是屬於襄楷所作的「問答體」部分。因此，《太平經》應該有所謂「本文」（底本）與「定本」的存在！而「散文體」與「對話體」應是屬於「本文」（底本）部分，至於「問答體」則應該是由「底本」擴充而成。〔註12〕

　　至於襄楷時詣闕所獻上的本子，筆者認爲應該是襄楷將之前宮崇所獻的本子（散文體與對話體）再加上自己所作的「問答體」部分。因爲《後漢書·襄楷傳》中有段話：「（襄楷）臣前上琅邪宮崇受干吉神書，不合明聽。」（中華書局，1997年11月第一版，頁292）又「初，順帝時，琅邪宮崇詣闕，上其師干吉於曲陽泉水上所得神書百七十卷，皆縹白素朱介青首朱目，號《太平清領書》。其言以陰陽五行爲家，而多巫覡雜語。有司奏崇所上妖妄不經，乃收藏之。」（頁293）襄楷本人不太可能再獻上與宮崇相同的本子，因爲前次宮崇所獻之書，已「不合明聽」，而遭「有司奏崇所上妖妄不經」而「收藏之」。

　　由此，我們可以說：「初授神書」部分和圍繞著初授神書的「神眞對話」部分，構成了《太平經》的基本內容。其作者是一個人（神人），其成書在時間上有其連續性，並不是由許多人增衍、添補而成的。因此，不能根據史書、道書中關於于吉推演、造作經書的說法，而否認了《太平經》爲「神人」（太

〔註12〕關於《太平經》有無「本文」（底本）與「定本」的問題，王平先生在《太平經研究》一書中，從「一百七十卷成書於何時？」與《太平經》中「乙巳而出」這一線索，說明「今本《太平經》並非宮崇、襄楷箄所獻神書之原本，而係該部神書之擴充與增衍。換言之，宮崇、襄楷所獻神書並非後世《太平經》之定本，而僅係一不完全之底本或初本。按《理惑論》載，今本《太平經》當即以此部神書爲基礎，於漢靈、獻之際最終完成的。」（頁13）此說法當是言之成理，但論述中卻有證據不足之嫌！（以上疑問見於：《太平經研究》，頁10～13）而「問答體」是由「底本」擴充而成的說法，亦見於：(1)熊德基，〈《太平經》的作者和思想及其與黃巾和天師道的關係〉，《歷史研究》，1962年四期，頁14。(2)王平，《太平經研究》，1995年10月，頁14。

上老君）所做這一事實！這種記載，估計可能與天師弟子們（六眞人）對「神眞對話」部分的整理、編纂有關。「初授神書」部分是神人所授之書，這不成問題；而「神眞對話」部分亦是神人所傳授，但是由其弟子們編輯成書，加之這一部分其文體、用語及風格與「初授神書」部分不完全相同，因此，很容易被人誤把其看成非一人的作品，而把「編輯者」當作「作者」，才會有「推演」、「造作」的說法出現。而此情形也與「鸞書」（善書）的造作情形是相類似的！我們不能因爲「鸞書」是由扶鸞（扶箕）的鸞生們所書寫、造作，就把最終的作者（付乩的神明）給遺忘了一樣！

第四節　《太平經》的「成書時間」問題

而此三類文體的「成書時間」問題，歷來中國學者們大致上是依循或延續湯用彤與王明兩位先生的考證成果，認爲今《道藏》中《太平經》殘本爲漢代舊文〔註13〕。此外，饒宗頤先生運用東漢五斗米道的《想爾注》與《太平經》互證，指出兩者所發揮的「太平」與「三合相通」之義，是出自於漢代（饒宗頤，〈《想爾注》與《太平經》〉，載於：《老子想爾注校證》，上海古籍出版社，1991年11月，頁88～90；〈想爾九戒與三合義——兼評新刊《太平經合校》〉，載於：《老子想爾注校證》，頁108～113）。另外，饒先生又考察出在《太平經》中所見之解字與《說文解字》之聲形訓有許多互通的地方。

〔註13〕湯用彤先生考定《太平經》爲漢代舊書，其根據大略有三：(1)「依《范書注》及《三洞珠囊》所引《道藏》經中之《太平經》，唐代已有其書。」(2)「現存之經與漢裏楷、晉葛洪及宋范曄所傳相符合。」(3)「《太平經》所載之事實與理論，似皆漢代所已有，而且關於五兵、刑德之說，若非漢人，似不能陳述若是之委悉也。」（〈讀《太平經》書所見〉，北京大學，《國學季刊》五卷一號，1935年，頁21）另外，湯先生更就今本《太平經》與道、佛二教之關係，爲今本《太平經》成書於漢代的說法提供進一步的佐證（見於：〈讀《太平經》書所見〉，頁21～33）。而王明先生則從：(1)漢代語言（縣官、銖分、成事、何等）、(2)地理名稱（雒·洛、十三州）、(3)社會風尚、(4)思想內容（元氣説、五行説），四個方向來論證《太平經》成書於漢代的說法（〈論《太平經》的成書時代和作者〉，《道家和道教思想研究》，北京：中國社會科學出版社，1984年，頁186～198）。此外王明先生又考定了《太平經鈔》甲部爲後人所僞補，其重要意義在於避免發生這樣的錯誤：「以《鈔》甲部的內容、術語等定《太平經》的時代。」及「《太平經》的成書時代，只能根據《經》的殘卷和除"甲部"以外的《太平經鈔》的內容來研究和考證。」（〈論《太平經》甲部之僞〉，《道家和道教思想研究》，頁201～214）

例如：他引《說文解字》解說《太平經》中的「丹青之信」、「西與棲」、「直解」：(1)「丹青之信」，《太平經》：「吾書中善者，使青爲下而丹，何乎？吾道乃丹青之信也。青者生仁而有心。赤者太陽，天之正色。吾道太陽，仁政之道，不能傷害也。」（合校頁219）《說文》青字下云：「東方色也，木生大，從生丹，丹青之信，言必然。」按惠棟〈讀說文記〉云：「丹青之信言必然，漢時多爲此語。東觀漢記光武詔明設丹青之信」。今《太平經》亦言「吾道乃丹青之信」。正可互證。……《太平經》云：「青者生仁」。亦用生訓，以生訓青。(2)「西與棲」，《太平經》：「西者，人人棲。存眞道於胸心也。」（合校頁68）《說文》「西」字下，或體作棲，注「西或從木妻」。棲乃西之或體。《太平經》從棲聲訓西，棲與西原一字也。《太平經》中聲訓極多。（與《說文》相同者，如子者，滋也，壬者任也（合校頁77）。《說文》訓子爲「萬物滋入。」「壬象人脛，脛任體也。」以滋訓子，任訓壬正同）此經於《說文》、《釋名》之外，保存不少東漢舊訓，極可珍視。(3)其〈解師策書訣〉，（第五十）一篇，即訓解「師策文」九十字者，其中有云「神人言爲子直解之」（合校頁62），「直解」則間復用形訓之法。持以較《說文》，如：「止者，足也」。《說文》：「止，下基也。……故以止爲足。」「十一者，士也」。《說文》：「數始於一，終於十。孔子曰：推十合一爲士。」（〈《太平經》與說文解字〉，《大陸雜誌》四十五卷六期，1972年，頁334）

　　除了上述學者利用漢代文辭舊義、社會制度和思想內容考證《太平經》爲漢代舊文外，近人劉昭瑞先生運用考古發現的東漢「鎭墓文」，將鎭墓文與《太平經》作比較研究，通過對鎭墓文的用詞與《太平經》的一些重要術語的比較，例如：鎭墓文的「重復」與《太平經》的「承負」，鎭墓文的「句校、鉤校」與《太平經》的「鉤校」，鎭墓文的「太陽之精」與《太平經》的「日精」，鎭墓文的「尸注、精注」與《太平經》的「尸咎」等等的對比，以此來確立《太平經》的具體撰述年代。認爲從鎭墓文使用的術語來看，許多在《太平經》中都可以得到印證，由此證明《太平經》是東漢時期的作品，這種考證突破了以往考證《太平經》的成書年代，均侷限在使用傳世文獻爲依據的做法，爲《太平經》成書於東漢說提供了一個強有力的證據。（劉昭瑞，〈《太平經》與考古發現的東漢鎭墓文〉，《世界宗教研究》，1992年四期，頁111～119；〈承負說的緣起〉，《世界宗教研究》，1995年四期，頁100～107）

　　而俞理明先生在〈道教典籍《太平經》中的漢代字例與字義〉一文中，「從

漢語史角度，從三個方面考釋研究了《太平經》反映的漢代的時代特徵的文獻用字問題：一是反映漢代民間俗語的用字，二是保留了一些可以佐證前人訓釋的用法，三是反映了漢字發展演變過程中的特定的時代特色。」（頁 49）而在〈《太平經》通用字求正〉一文中，「討論《太平經》中的一些比較特殊的不規範用字，包括一些當時流行的異體字、古今字和按照較寬的標準可以被認為是通假字的用字，為讀者閱讀和研究《太平經》提供幫助，同時也為研究漢代用字和古文獻的文字整理作一些基礎性的工作。」（頁 37）由此，不僅肯定了《太平經》在漢語發展歷史中特殊的學術研究價值，更可作為《太平經》成書時代為漢代說法的另一項佐證。（《宗教學研究》，1997 年一期，頁 49～53；《宗教學研究》，1998 年一期，頁 37～40）

因此，今《道藏》中《太平經》殘本成書於東漢時期，應是公認的事實！不過，殘本中所存在的三類文體雖通篇為漢代舊文，但其不同部分為漢代不同時期之作品。「問答體」的作者為襄楷，寫作期間是漢桓帝延熹八年至九年之前。「散文體與對話體」是宮崇在漢順帝時詣闕所獻上的本子，所以「散文體」與「對話體」應成書於漢順帝時宮崇獻書之前，而次序上是「散文體」在前，「對話體」在後，兩者成書時間應是很接近。

以上關於《太平經》的「成書過程」，試以下列圖表來表示：

形　　式	今本《太平經》		
	散 文 體	對 話 體	問 答 體
類　　別	初授神書	神真對話	晚出文
底本與定本	底　　本		底本擴充
	定　　本		
作　　者	神人（由六真人記錄）		襄　楷
獻書者	宮　崇		襄　楷
成書時間	東漢順帝之前	東漢順帝之前散文體之後	東漢桓帝延熹八年之前
	東　　漢		

第五節　本章小結

由於中國學者大都肯定現存《太平經》殘本「大體上還保存著漢代著作

的本來面目」（王明，《道家和道教思想研究》，1984 年，頁 200），並且認為
一百七十卷「定本」已經在東漢末年形成。因此，歷來他們對東漢以後有關
《太平經》卷數與名稱的不同記載〔註14〕，大都推斷為只屬於「內容大概
相同」的不同傳本而已〔註15〕；甚至有根本否認不同傳本存在的說法出現
〔註16〕。這種假設與推論的弊病將會造成忽視了對不同版本、卷數記載的深
入分析和比較。換句話說，如果只停留在「東漢形成說和定本說」的定論，
研究者將會不能進一步正視在相同與不同時代中不盡相同的版本流傳和彼
此間的相互分別比較。舉一個例子，根據孟安排《道教義樞》的記載，南
北朝時代至少流傳著兩種《太平經》，其一，即一百四十四卷的《太平洞極

〔註14〕這些東漢以後關於《太平經》卷數與名稱的不同記載是：(1)晉葛洪《抱朴子·
遐覽篇》：「《太平經》五十卷。又《甲乙經》一百七十卷。」(2)《志林》：「初，
順帝時，琅邪宮崇詣闕，上師干吉所得神書於曲陽泉上，白素朱界，號《太
平青道書》，凡百餘卷。」(《吳志》卷一〈孫策傳〉裴注) (3)唐釋玄嶷《甄
正論》：「有《太平經》百八十卷，是蜀人干吉所造。」(4)《三洞珠囊》卷一
〈救導品〉引《神仙傳》佚文云：「(帛和) 以素書二卷授干君，誡之曰：卿
得此書，不但愈病而已，當得長生，干君再拜受書。公又曰：卿歸，更寫此
書，使成百五十卷。」(5)《太平御覽》卷六七三〈像天地品〉：「後漢順帝時，
曲陽泉上得《神書經》一百卷；內七十卷皆縹白素、朱界、青縹、朱書，號
曰《太平青道》。」(6)《雲笈七籤》卷一百一十一〈洞仙傳〉：「干吉者，瑯
瑘人也。常遊於曲陽流水上，得神書百餘卷，皆赤界、白素、青首、朱目，
號曰《太平青籙書》。」(7)梁孟安排《道教義樞》卷二〈七部義〉：「按《正
一經》云有《太平洞極之經》一百四十四卷。」（以上資料轉引自：〈《太平經》
著錄考〉，《太平經合校》，頁 747～749 及陳國符《道藏源流考·上冊》中《太
平經》考證〉一文，頁 83～84、88）
〔註15〕認為《太平經》與《太平洞極經》兩書是內容大概相同的不同傳本的說法，
見於：(1)卿希泰，〈《天官歷包元太平經》的宗教神學特徵〉·〈《太平清領書》
的來歷及其主要思想〉，收載於：《中國道教史·第一卷》，四川人民出版社，
1988 年，頁 91～93；(2)陳攖寧，〈《太平經》的前因後果〉，《道教與養生》，
北京：華文出版社，1989 年 7 月，頁 44～45；(3)劉仲宇，〈《太平經》與《周
易參同契》〉，收載於：牟鍾鑒等著，《道教通論——兼論道家學說》，山東齊
魯書社，1991 年，頁 342～343；(4)劉劍，〈《太平經》及其把道家思想宗教
化〉，收載於：劉劍，《道家思想史綱》，湖南師範大學，1991 年，頁 252；(5)
湯一介，〈《太平經》——道教產生的思想準備〉，收載於：《魏晉南北朝時期
的道教》，1991 年 4 月，頁 29～34。
〔註16〕王平先生在《太平經研究》一書中，從「《太平經》的命名問題」這個角度出
發，駁斥《太平經》有不同傳本的說法。且更以《太平經》成書之初並無定
名這一前提出發，認為《太平經》與《太平洞極經》不可能為同一本書。（以
上說法見於：《太平經研究》，台北：文津，1995 年，頁 16～20。）

經》，其二，是一百七十卷的《太平經》〔註17〕。此兩種《太平經》的關係及異同問題是值得思考的！倘若我們只是因襲一些中國學者的看法，將一百四十四卷的《太平洞極經》看成是東漢以後《太平經》定本的一種，或是把《太平洞極經》看成是內容大概相同的不同傳本（同一部經典但不同名稱），甚至在根本上否認有不同傳本的存在〔註18〕。而又同時對另一流傳的百七十卷本與所依附的上清派系統之間的密切關係不加留意，那麼結果就會導致我們對現存《太平經》殘本背後所承載的自東漢以後還繼續不斷歷經長久和複雜的傳承過程，便不能作細緻、精準的考察和描述。換言之，即是不能對東漢以後《太平經》的傳本與兩晉六朝時道教上清派之間的關係作出正確的釐清。〔註19〕

〔註17〕《道教義樞》卷二第九「七部義」云：「太平者，此經以三一為宗。……然其卷數，或有不同。今，甲乙十部合一百七十卷，今世所行。按《正一經》云：『有《太平洞極之經》一百四十四卷。』此經，並盛明治道，證果修因，禁惡眾術也。其洞極經者，按《正一經》：『漢安元年，太上親授天師（張道陵），流傳茲日。』若甲乙十部，按《百八十戒》云：「是周赧王時，老君於屬，授瑯琊干吉。」至漢順帝時，宮崇詣闕，上其師于吉所得神書百七十卷，號《太平經》。」（《正統道藏》，〈太平部〉諸五，台北藝文印書館影印本，第二七七冊）此外值得一提的是，據湯一介先生考證，今本《道教義樞》序中徵引了《隋書·經籍志》之文，不可能為梁時之作，而唐聖曆（武則天年號）二年陳子昂《荊州大崇福觀記碑》載武則天時有道士孟安排，故《道教義樞》極可能是唐初作品。（見於：《魏晉南北朝時期的道教》，1991年，頁29）

〔註18〕王平先生在《太平經研究》一書中，將歷來史書與道書中關於《太平經》卷數與名稱的不同記載，認為大致上是「抄寫之誤」，因此「上列對《太平經》卷數的不同記載大都失效，《太平經》以其他卷數傳本流布於世的推測難以成立」。換句話說，作者駁斥有不同傳本存在的說法。但筆者認為，何以見得上述對《太平經》卷數的不同記載皆為抄寫之誤，作者在此並未說明理由與提出證據來，因此是屬於個人臆測之詞！而其所駁斥「有不同傳本」說法亦是不成立的！（以上說法見於：《太平經研究》，頁15～16）

〔註19〕關於《太平經》百七十卷本的流傳及其與上清派系統之關係，我們可由以下證據得知：(1)湯用彤〈讀《太平經》書所見〉一文中，已經指出「正統本原據之寫本或陳末至唐初所寫也。」（《國學季刊》五卷一號，1935年，頁14）(2)《太平經複文序》（《太平經合校》，頁744～745）與唐王懸河《三洞珠囊》卷一引《道學傳》第十五卷中，所載陶宏景弟子桓法闓尋得《太平經》之事：證明南北朝時《太平經》已有不同的傳本，且上清派宗師陶宏景曾對其作過考定。(3)據王明先生〈論《太平經》甲部之偽〉一文的考證，道藏中《太平經鈔·甲部》乃後人據《靈書紫文》等所偽補（王明，《道家和道教思想研究》，北京：中國社會科學出版社，1984年，頁201～214）。而據李剛先生的考證《靈書紫文》為上清派重要經典之一（〈也論《太平經鈔》甲部及其與道教上

　　對於這個問題，近人李剛與王宗昱兩位先生，分別由「《太平經鈔》甲部並非全部作僞」與「身中神」的角度，論述了今本《太平經》的內容與道教上清派的關係〔註 20〕。如此即爲中國學者在考察東漢以後《太平經》的傳本與兩晉六朝以後道教發展歷史之間的關係上，開出一個新的研究方向來！

　　清派之關係〉，陳鼓應主編，《道家文化研究·第四輯》，1994 年 3 月，頁 294
　　～295）。如此一部上清派的經典爲什麼會竄入《太平經》甲部之中，顯然其
　　是與上清派系統有關的（可能爲上清派道士所僞補、竄改）。(4)今存《太平
　　經鈔》甲部中的「金闕後聖帝君」的神仙體系及「壬辰出世」的思想與上清
　　派的說法是一致的。此點更明顯地體現出《太平經》甲部曾爲上清派道士所
　　加工、改造（(2)、(3)、(4)項的詳細論述見於：李剛〈也論《太平經鈔》甲
　　部及其與道教上清派之關係〉，陳鼓應主編，《道家文化研究·第四輯》，1994
　　年 3 月，頁 293～298）。由此證明東漢以後百七十卷《太平經》的流傳與道教
　　上清派是有一定的關係存在！
〔註20〕李剛先生在〈也論《太平經鈔》甲部及其與道教上清派之關係〉一文中，由
　　「《太平經鈔》甲部並非全部作僞」這個角度出發，論述了東漢以後《太平經》
　　有不同的傳本存在及其散佚的大體時限（北宋以後至元代焚道經時），並考證
　　出《太平經》與道教上清派的關係和作僞者係東晉南北朝上清派道士等說法
　　（詳細論述：陳鼓應主編，《道家文化研究·第四輯》，1994 年 3 月，頁 284
　　～299）。而王宗昱先生在〈《太平經》中的人身中之神〉一文中，從「身中神」
　　的角度切入，論述了《太平經》中神之諸義（神靈之神、神妙之神、精神之
　　神）、《太平經》的人身中之神（五臟神、司過神）及與人身中神相關的道術
　　（守神、致神、還神、佩神符與吞丹書）等內容。（詳細內容見於：《中國文
　　化月刊》一五九期，1993 年 1 月，頁 70～85）

第三章 《太平經》思想總覽

第一節 研究方法說明

　　由第一章我們得知，六十餘年來《太平經》研究之歷史中，其研究發展方向主要分成三項：（一）文獻資料考辨、（二）農民起義與黃巾太平道關係之議題、（三）個別主題思想及問題的具體研究。上述中國學者們的研究發展方向，反映出三個在「方法」運用上的特點：

　　其一，即在現存五十七卷《太平經》的殘本中，找尋其中是否存在一個中心思想或意旨，而能夠統一、貫串其他多樣性與多層性的思想內容。在「農民起義與黃巾太平道關係」之議題中，從「第二階段」（五○年代末至六○年代）中楊寬對王戎笙、侯外廬對熊德基及「第三階段」（七○年代初至八○年代末）中卿希泰對劉琳和「第四階段」（九○年代）中馮友蘭、湯其領與劉序琦、湯一介兩方的相互對立、相反論證的觀點，即在探討《太平經》中是否存在一個中心思想或意旨（《太平經》是一部農民道教經典或是一部為統治階級服務的經典）。而不滿意於這種研究方法及其缺點的學者們，便接納與運用熊德基先生的方法和結論，將五十七卷《太平經》殘本中的不同體裁劃分為「散文體」、「對話體」與「問答體」三類。並且發現由「真人」與「天師」間的問答而組成的「問答體」部分，基本上佔五十七卷殘本的絕大部分（總共四十三卷，八十三篇）。且這部分「問答體」經文的形式、風格與思想極為一致、統一，因而便接受熊先生「問答體出於一人」（或即襄楷）的這個結論。而在這個基礎上，更繼續嘗試將《太平經》的「問答體」部分看作是這部經

典的主體，嘗試從中「抓住它的思想體系的核心和總的傾向」。〔註1〕

其二，從《後漢書・襄楷傳》中對《太平經》的記載，及宮崇和襄楷先後詣闕獻書給帝王的史實，再結合《太平經》中天師再三叮嚀眞人、弟子獻書給帝王的談話；於是從「第二階段」中的王戎笙、熊德基到「第三階段」中的劉琳、楊曾文、鍾肇鵬、金春峰、劉序琦、朱伯崑、王成竹、牟鍾鑒及「第四階段」中的劉仲宇、湯一介、王平等學者，便認定《太平經》的作者之所以造作此經，其根本意圖就是「助帝王治」（王平，《太平經研究》，頁22～23）。因而便以「助帝王治」這個角度，當作《太平經》整體研究的切入點與方向（頁25）。

其三，鑒於以往《太平經》研究的侷限（農民戰爭）與停頓（傳世文獻），研究者們開始運用「新的研究方法」與開闢「新的研究方向」，以期能得到新的研究成果。

在「新的研究方法」的運用方面，劉昭瑞先生運用考古發現的東漢「鎮墓文」，將鎮墓文與《太平經》作比較研究，通過對鎮墓文的用詞與《太平經》的一些重要術語的比較，例如：鎮墓文的「重復」與《太平經》的「承負」，鎮墓文的「句校、鉤校」與《太平經》的「鉤校」，鎮墓文的「太陽之精」與《太平經》的「日精」，鎮墓文的「尸注、精注」與《太平經》的「尸咎」等等的對比，以此來確立《太平經》的具體撰述年代。認爲從鎮墓文使用的術語來看，許多在《太平經》中都可以得到印證，由此證明《太平經》是東漢時期的作品，這種考證突破了以往考證《太平經》的成書年代，均侷限在使用傳世文獻爲依據的做法，爲《太平經》成書於東漢說提供了一個強有力的證據。另外，作者又從語義比較、語言環境與古音韻學等角度，論證了《太平經》的「承負」與鎮墓文的「重復」一語相當，而《太平經》中的解除「承負」觀念，正是鎮墓文中解除「重復」觀念的放大。由此推定承負說的思想基礎並不是源於佛教的因果報應說，而是與東漢時期的民間巫術信仰有關。（劉昭瑞，〈《太平經》與考古發現的東漢鎮墓文〉，《世界宗教研究》，1992年四期，頁111～119；〈承負說的緣起〉，《世界宗教研究》，1995年四期，頁100

〔註1〕此說法見於：劉琳，〈再談《太平經》的政治傾向——答卿希泰同志〉，《社會科學研究》，1982年二期，頁101。類似的觀點尚見於：(1)金春峰，〈讀《太平經》〉，《齊魯學刊》，1982年二期，頁23；(2)蘇抱陽，〈《太平經》成書的幾個問題〉，《世界宗教研究》，1992年四期，頁21；(3)王平，《太平經研究》，台北：文津出版社，1995年10月，頁22。

～107）

　　而在開闢「新的研究方向」方面，林富士先生則從「疾病」的角度切入，探討《太平經》關於「疾病原因的解釋」和「所主張的醫療手段」的內容；由此而得出《太平經》全書之主旨在於解釋東漢時社會上種種災禍、動亂和危機的根本源由，並提出一套解救之道。如此即轉變以往考證《太平經》為東漢作品時，只從語言、地理名稱、社會風俗、思想等方面來考察的現象。而李剛先生與王宗昱先生則分別從「《太平經鈔》甲部並非全部作偽」與「身中神」的角度，論述現存《太平經》的內容與道教上清派的關係。如此即為中國學者在考察《太平經》的傳本與兩晉六朝以後道教發展歷史之間的關係上，開出一個新的方向來！〔註2〕

　　總結上述部分學者的研究方法，即企圖在《太平經》多樣性與多層性的思想內容當中，疏理出其中屬於一致性的主題與寫作動機，以期能建立《太平經》整體思想的中心與架構。換言之，正如熊德基、劉琳、金春峰、劉序琦、湯一介、王平等人，將《太平經》成書的動機與主旨，看成是襄楷等東漢士大夫階層試圖改良當時風雨飄搖的東漢王朝，並維護封建帝王統治下的「助帝王治」意識的產物。但是，此推測說法在成立之前，還需要深入地考察以下的問題：

　　　（一）《太平經》成書的動機與主旨，真的只有「助帝王治」這個意圖嗎？

　　　（二）現存四十三卷「問答體」的內容，能真實地代表《太平經》百七十卷的整體思想嗎？

　　關於第一個問題，雖然天師屢次囑咐真人要將「天師之書」上付有道德之君，並且強調欲致太平當由上而下，「今天上極太平氣立至，凡事當順，故以上下也。不以上下，則為逆氣，令治不平。」（《太平經合校》，頁256）但是，天師在授書時也同樣要求真人不但要將神書上獻帝王，更要將神書曉示凡民百姓；甚至提醒真人倘若在傳授之時，凡民仍有不曉此神書時，真人應

〔註2〕以上說法詳細內容見於：(1)林富士，〈試論《太平經》的疾病觀〉，《中央研究院歷史語言研究所集刊》第六十二本第二分，1993年4月，頁225～263。(2)李剛，〈也論《太平經鈔》甲部及其與道教上清派之關係〉，收載於：陳鼓應主編，《道家文化研究‧第四輯》，1994年3月，頁284～299。(3)王宗昱，〈《太平經》中的人身中之神〉，《中國文化月刊》一五九期，1993年1月，頁70～84。

該改用其「俗語」並「隨其俗」而教導之；因爲最終目的就是要使他們能得天心、應天意，以解除「天地間承負之讁」。

卷三十五〈分別貧富法〉：「眞人愼之，無去此書，以付仁賢之君，可以除一大冤結災害也。愼吾書言，以示凡人，無肯復去女者也，是則且應天地之法也。」（頁 36）

卷三十六〈三急吉凶法〉：「無匿此文，使凡人當自知質文所失處，深念其意，宜還反三眞，無自愁苦以邪僞也，眞人愼之！」（頁 48）〈事死不得過生法〉：「眞人無匿此書，出之，使凡人自知得失之處。」（頁 53）

卷四十〈努力爲善法〉：「子但急傳吾書道，使天下人得行之，俱思其身定精，念合於大道，且自知過失所從來也，即承負之責除矣。」（頁 74）

卷四十二〈四行本末訣〉：「故比比敕眞人傳吾書，使人人自思失道意，身爲病，各自憂勞，則天地帝王人民萬物悉安矣。」（頁 95）

卷四十五〈起土出書訣〉：「書以付歸有德之君，宜以示凡人，人乃天地之子，萬物之長也。……從今以往，欲樂富壽而無有病者，思此書言，著之胸心，各爲身計，眞人無匿也，傳以相告語。」（頁 124）「是故教眞人急出此書，愼無藏匿，以示凡民，百姓見禁且自息，如不止，禍及後世，不復救。」（頁 125）

卷四十七〈上善臣子弟子爲君父師得仙方訣〉：「以此書付道德之君，令出之，使凡人自思行得失，以解天地之疾，以安帝王，其治立平。」（頁 142）〈服人以道不以威訣〉：「故以此示眞人也。以付上德君，以示諸賢及凡人，使吏民自思治，當有益於上，愼毋亂之也。」（頁 145）

卷四十九〈急學眞法〉：「天下大疾苦之，故使吾出此文以告屬之。」（頁 162）

卷六十五〈興衰由人訣〉：「六子詳思吾書意，以付上道德之君，以示眾賢，吾之言不負天地賢明也。」（頁 231）

卷六十七〈六罪十治訣〉：「故眞人來爲其學也，宜以付僅良之民，

覺其心，使其惟思；付上有大德之君也，以示眾賢，共曉其意以解，
以歸百姓。百姓得之，十五相從，議之治之，連不平，非獨天地人
君也。」（頁 254～255）「今天當以解病而安帝王，令道德君明示眾
賢，以化民間，各自思過，以解先人承負之謫，使凡人各自爲身計。」
（頁 255）

卷七十三至八十五〈闕題〉：「今得天師書道德，以往付謹民，使謹
民使歸，上有大仁道德之君，可以平天下之理而長安身。」（頁 303）

卷九十二〈萬二千國始火始氣訣〉：「吾書應天教，今欲一斷絕承負
責也。天其爲過深重，多害無罪人，天甚憂之。故教吾敕真人，以
書付上德之君，令惡邪佞僞人斷絕，而天道理。」（頁 370）「上皇
氣至，當助德君治，恐時人行不改易，爲惡行以亂正氣，毀天寶，
故遣吾下，爲德君出文，以曉眾人，使共常按吾文爲行，不復共愁
天地而不犯天禁。自是之後，行吾天文，使神助德君治。」（頁 375）

卷九十三〈國不可勝數訣〉：「於其有不曉真人文而不達者，當授教
之時，真人宜以其俗語習教其言，隨其俗使人自力記之。如是者天
下悉知用之，無有疑也。」（頁 393）「子能自力，以吾文周流百有
德之國，使其各隨俗說吾書者，即萬二千國悉安，天地病大除，子
已增年，亦無極矣。」（頁 394）

卷九十六〈守一入室知神戒〉：「天明知下古人且愚難治，正故故爲
其出券文名爲天書也。……故文書者，天下人所當共讀也，不爲一
人單孤生也。」（頁 419）

卷九十七〈妒道不傳處士助化訣〉：「故常敕真人使出吾道，以付上
德之君，以示眾賢，疾試吾道，乃知吾書之信，與天地相似。」（頁
434）

卷九十八〈核文壽長訣〉：「吾文以一推萬，足以明天下之道矣。故
令真人付道於上德之君，拘校凡文人辭聖書者，明以示眾賢，使一
俱覺解迷與惑也。」（頁 447）〈包天裏地守氣不絕訣〉：「吾爲太平
德君制作法度，不限一人也。夫太平氣來，有一人自冤不得其欲者，
則上皇平氣不得俱來至也。故天教吾廣開闢其路，使得自悉自擇可

為也。」（頁 451）

卷一〇二〈神人自序出書圖服色訣〉：「以書前後付國家，可以解天
地初起以來更相承負之厄會也。」（頁 459～460）

卷一一八〈天神考過拘校三合訣〉：「群神教吾言，故今以文付眞人，
歸有德君，以示天下。人得文各自深省，思過失，念書言天。」（頁
672）

卷一二〇至一三六〈太平經鈔辛部〉：「今天上乃具出文書，以化除
諸災害，以致善，是故吾自曉敕眞人出書也。今天上教吾大言，勿
有蔽匿也。」（頁 686）

關於第二個問題，我們知道《太平經》原書共有百七十卷，今僅存五十七卷
殘本，且殘本中「問答體」部分佔四十三卷。但，我們不能因為「問答體」
在五十七卷殘本中佔有四十三卷，就認定「問答體」可完全代表百七十卷的
《太平經》。再者，在第二章時，我們知道「問答體」的作者是襄楷，是襄楷
根據「底本」（「散文體」與「對話體」）所增衍、擴充的。因此，「問答體」
部分更不可能眞實地代表百七十卷《太平經》，充其量只能說：「問答體」代
表百七十卷《太平經》內容的一部分。

總之，到目前為止，由於缺乏對三種《太平經》文體與思想之間的共通
關係的客觀研究，因此有關《太平經》中思想內容的一致性和整體性的說法
及推測，是欠缺證據和說服力的！

既然，「助帝王治」並非《太平經》的中心主旨與寫作動機，且四十三卷
「問答體」亦不能完全、眞實地代表《太平經》百七十卷的內容。那我們不
禁要問：究竟《太平經》的寫作動機與中心主旨為何？如何才能眞實、完全
地代表百七十卷《太平經》的本來面目？筆者認為：「為帝王、凡民解除承負
之責」應該就是《太平經》的寫作動機與中心主旨。試看《太平經》中的說
法：

卷三十七〈試文書大信法〉：「請問此書文，其凡大要，都為何等事
生？為何職出哉？」「善哉善哉！子之問事，可謂已得皇天之心矣，
此其大要之為解。天地開闢已來，帝王人民承負生，為此事出也。」
（頁 54）〈五事解承負法〉：「師既為皇天解承負之仇，為后土解承
負之殃，為帝王解承負之災，為百姓解承負之過，為萬二千物解承

負之責。」（頁 57）又「行，歸思其要，以付有德君，書要爲解承負出。」（頁 61）

卷三十九〈解師策書訣〉：「吾迺上辭於天，親見遣，而下爲帝王萬民具陳，解億萬世諸解承負之謫也。」（頁 64）又「得行此道者，承負天地之謫悉。」（頁 68）又「持此道急往付歸有道德之君，可以消去承負之凶。」（頁 68～69）

卷四十〈努力爲善法〉：「子但急傳吾書道，使天下人得行之，俱思其身定精，念合於大道，且自知過失所從來也，即承負之責除矣。」（頁 74）卷四十一〈件古文名書訣〉：「吾迺爲天地談，爲上德君制作，可除天地開闢以來承負之厄會。」（頁 83～84）又「今吾迺見遣於天下，爲大道德之君解其承負，天地開闢以來，流災委毒之謫。」（頁 85～86）

卷四十九〈急學眞法〉：「今吾乃爲天談，當悉解天地開闢以來承負之責。」（頁 163）又「天使吾出書，爲帝王解承負之過。」（頁 165）

卷六十五〈斷金兵法〉：「惟天師迺爲帝王解先人流災承負，下制作可以興人君，而悉除天下之災怪變不祥之屬。」（頁 224）

卷六十七〈六罪十治訣〉：「天地開闢以來，更相承負，其後生者尤劇，積眾多相聚爲大害。今使天地共失其正，帝王用心意久愁苦而不治，前後不平，天大疾之。故吾急傳天語，自太古到今，天地有所疾苦，悒悒而不通，凡人不得知之，皆使神聖人傳其辭。……今天當以解病而安帝王，令道德君明示眾賢，以化民間，各自思過，以解先人承負之謫，使凡人各自爲身計。」（頁 255）

卷六十九〈天讖支干相配法〉：「諸眞人乃遠爲天來問事，爲德君帝王解承負之害。」（頁 269）

卷七十二〈齋戒思神救死訣〉：「天上皇氣且至，帝王當垂拱而無憂。故天遣諸眞人來具問至道要，可以爲大道德明君悉除先王之流災承負，天地之間邪惡氣，鬼物凶奸尸咎殃爲害。」（頁 291）又〈不用大言無效訣〉：「太平氣至，邪固當自消去。爲天地開闢以來積久，邪氣大眾多，更相承負；太平之治氣雖至也，亦安能一旦悉辛除此

乎？……故天使諸眞人來問疑，使吾爲其陳法，可以厭禦邪不祥妖惡者，故吾爲眞人具言之。」（頁295）

卷八十八〈作來善宅法〉：「天地神靈共除帝王承負也，……子乃爲皇天后土除病，爲帝王除災毒承負之厄會。」（頁333～334）

卷九十一〈拘校三古文法〉：「吾書文道，所以從上到下，無窮也。悉愛正言正辭正文者，吾迺深受天敕而下也。誠知天愛是正言正文正辭，所以大疾是邪言邪辭邪文者，正知天地大怨咎之，以是敕吾，使吾下校，去是怨咎與賊，以安有道德之國，養長解天地開闢已來承負之謫，使害一悉去得休，使正氣悉得前治也。然後六方極八遠皇天平氣，悉一旦自來。」（頁360～361）

卷九十二〈三光蝕訣〉：「故承負之責最劇，故使人死，善惡不復分別也。大咎在此。故吾書應天教，今欲一斷絕承負責也。天其爲過深重，多害無罪人，天甚憂之。故教吾敕眞人，以書付上德之君，念惡邪佞僞人斷然，而天道理。」（頁370）

卷九十三〈國不可勝數訣〉：「眞人今既爲天地除病，爲德君除承負，雖苦持吾文，往授百有德國，而陰陽病悉消亡，帝王之災皆已除矣。」（頁393）

卷九十六〈守一入室知神戒〉：「是文乃天所以券正凡人之心，以除下古承負先人之餘流災，以解天病，以除上德之君承負之謫也。」（頁410）

卷一〇二〈神人自序出書圖服色訣〉：「天地開闢以來，帝王更相承負愁苦，天災變怪訖不絕，何以除之。又群神無故共害人，人不得竟其年命，以何止之。……乃以書前後付國家，可以解天地初起以來更相承負之厄會也。」（頁459～460）又「今天悉使吾爲帝王人民具出陳承負之責會也。」（頁461）

由上述引文，可知：天師由始至終都宣告祂從天所接受的使命，就是要爲帝王、凡民解除「天地開闢以來承負之責」，斷絕「天地開闢以來，流災委毒之謫」；並非僅侷限於「解除帝王個人承負」這單一目的！

至於「如何才能眞實、完全地代表百七十卷《太平經》的面貌？」這個

問題，我們知道在正統《道藏》中現僅存五十七卷《太平經》殘本，其中「問答體」部分佔四十三卷之多。但，這「三類文體」皆不能完全、眞實地代表百七十卷《太平經》的本來面目。所幸王明先生在 1960 年以《正統道藏》本《太平經》殘卷爲底本，輯錄《太平經鈔》、《太平經聖君秘旨》及其他二十多種之引文，加以「校、補、附、存」，編成《太平經合校》一書；雖然經考證後，「甲部爲後人所僞補，癸部經文爲甲部經文，因而癸部經文全佚」（王明，〈《太平經》目錄考〉，《道家和道教思想研究》，1984 年，頁 215～237）；且中國學者亦對《太平經合校》一書作出批評與錯誤指正〔註3〕，但其大體上恢復《太平經》十部、一百七十卷的面貌。因此，我們可以說：在還沒有關於《太平經》文獻資料的更完整著作出現時，《太平經合校》一書應是目前爲止最能完整、眞實地代表百七十卷《太平經》的著作。

　　總結上述的說法，筆者認爲「解除帝王、凡民承負之責」應該就是《太平經》的中心主旨與寫作動機！因此，本論文將以「解除帝王、凡民承負之責」作爲論文的研究路徑與切入點；並配合到目前爲止最能完整、眞實地代表百七十卷《太平經》的著作──《太平經合校》一書，作爲研究時的徵引依據，以上是爲本論文的「研究方法」！

第二節　研究範圍設定

　　《太平經》被公認爲是道教現存最早的道經〔註4〕，因而產生其與早期道

〔註3〕饒宗頤先生在〈想爾九戒與三合義──兼評新刊《太平經合校》〉一文中，對王明先生所撰《太平經合校》一書，批評其未能參考敦煌經卷裡《太平部卷第二》（斯坦因 4226 號）中手抄《太平經》總目（簡稱《敦煌目》），因此其書「於全經卷第篇名，未能得其要領。又每卷諸多闕題，卷一至卷十仍用《太平經鈔》甲部之文。」（《清華學報》四卷二期，1964 年 2 月，頁 82）王明先生在〈《太平經》目錄考〉一文中，指出「合校本」目錄未必完全正確，因而對「合校本」目錄與《敦煌目》提出其錯誤之處，並認爲兩者可互爲校正（《道家和道教思想研究》，1984 年，頁 215～237）。陳增岳先生在〈《太平經合校》補記〉一文中，舉出《太平經合校》一書中三十三處錯誤之處（《文獻》，1994年四期，頁 219～228）。龍晦先生在〈《太平經注》序〉一文中，指出《太平經合校》一書在「斷句」與「錯訛字的校正」上是存在一些問題的（《道家文化研究‧第七輯》，1995 年 6 月，頁 167～168）。王云路先生在〈《太平經》釋辭〉一文中，指出「因爲不明 "行" 字這一特殊含義」與「不明此類語詞」而造成錯誤斷句及失誤者很多。（《古漢語研究》，1995 年一期，頁 46～52）
〔註4〕此說法見於：⑴湯用彤，〈讀《太平經》書所見〉，《國學季刊》五卷一號，

教之太平道、五斗米道（天師道）有關的說法〔註5〕，便不覺得意外；且其亦
爲「漢代舊文」，因此提出《太平經》反映了東漢社會、政治情形的看法〔註6〕，

1935 年，頁 25；(2)牟鍾鑒，〈《太平經》與《周易參同契》〉，收載於：《中國宗教與文化》，1989 年，頁 223；(3)湯一介，〈《太平經》──道教產生的思想準備〉，收載於：《魏晉南北朝時期的道教》，1991 年 4 月，頁 19；(4)王玉德等著，〈太平道的綱領──《太平經》〉，收載於：王玉德等著，《中華神秘文化》，湖南出版社，1993 年 6 月，頁 273～274；(5)田誠陽，〈太平道與《太平經》〉，收載於：田誠陽，《道經知識寶典》，四川人民出版社，1995 年 9 月，頁 36；(6)丁培仁，〈最早的道經是哪一部〉，收載於：丁培仁，《道教典籍百問》，北京：今日中國出版社，1996 年 9 月，頁 4；(7)吳根友，〈民間道教思想的興盛──《太平經》的社會思想〉，收載於：吳根友，《中國社會思想史》，武漢大學出版社，1997 年 1 月，頁 145；(8)邱進之主編，〈道教之起源、形成與發展〉，載於：《中國歷代名道》，吉林教育出版社，1997 年 6 月，頁 3。

〔註 5〕 認爲《太平經》與早期道教之太平道、五斗米道（天師道）有關的計有：(1)吳振羽，〈在《太平清領書》中所表現的農民的政治教條〉，收載於：吳振羽，《中國政治思想史・下冊》，北京：三聯書店，1955 年，頁 346；(2)熊德基，〈《太平經》的作者和思想及其與黃巾和天師道的關係〉，《歷史研究》，1962 年四期，頁 22～25；(3)喻松清，〈《太平經》與黃巾的關係──與熊德基同志商榷〉，《新建社》，1963 年 2 月號，頁 75～81；(4)孫達人，〈《太平清領書》和太平道〉，收載於：《中國古代農民戰爭史・一卷》，1980 年 9 月，頁 177～188；(5)鍾肇鵬，〈論《太平經》和太平道〉，《文史哲》，1981 年二期，頁 79～85；(6)王明，〈論《太平經》的思想〉，收載於：《道家和道教思想研究》，1984 年，頁 136～137；(7)卿希泰，〈《天官歷包元太平經》的宗教神學特徵・《太平清領書》的來歷及其主要思想〉，收載於：《中國道教史・第一卷》，四川人民出版社，1988 年，頁 123；(8)陳攖寧，〈《太平經》的前因後果〉，收載於：陳攖寧，《道教與養生》，北京：華文出版社，1989 年 7 月，頁 50～57；(9)郭樹森，〈《太平經》與天師道的關係〉，收載於：郭樹森主編，《天師道》，上海社會科學院，1990 年 2 月，頁 36～47；(10)王友三，〈《太平經》與太平道〉，收載於：王友三，《中國宗教史・上》，齊魯書社，1991 年 11 月，頁 225～238。

〔註 6〕 關於《太平經》反映了東漢社會、政治情形的說法見於：(1)魏啓鵬，〈《太平經》與東漢醫學〉，《世界宗教研究》，1981 年一期，頁 101～103；(2)鍾肇鵬，〈論《太平經》和太平道〉，《文史哲》，1981 年二期，頁 83～84；(3)劉琳，〈再談《太平經》的政治傾向──答卿希泰同志〉，《社會科學研究》，1982 年二期，頁 104；(4)李養正，〈從《太平經》看太平道的社會政治思想〉，《道協會刊》，1984 年十三期；另收載於：《道教經史論稿》，頁 69～70；(5)任繼愈，〈早期道教在社會上層的傳佈與興國廣嗣之術的《太平經》〉，收載於：任繼愈，《中國哲學發展史・秦漢》，北京人民出版社，1985 年 2 月，頁 666；(6)牟鍾鑒，〈《太平經》與《周易參同契》〉，收載於：《中國宗教與文化》，1989 年，頁 223；另載於：任繼愈主編，《中國道教史・上》，台北：桂冠圖書公司，1991 年，頁 21；(7)劉序琦，〈再論《太平經》思想的幾個問題〉，《江西師範

亦是讓人可接受的。甚至有些學者認為《太平經》與漢代的經學、讖緯、易學、醫學、黃老思想、佛教，乃至上溯至先秦的儒、道、墨、法等思想，都存在或多或少的關係〔註7〕。不過，本論文並不打算對上述說法作出論述！而是將把重心著重在探討《太平經》的「文本」（text）上，以期對《太平經》的「寫作動機」、「思想內涵」及「整體結構」作出具體說明，是屬於對《太平經》思想本身的專題性研究。

而在「文本」（text）的選用上，將以王明先生《太平經合校》一書為主，另外以楊寄林〈《太平經》釋讀〉（收載於：吳楓主編，《中華道學通典》，海口：南海出版公司，1994 年 4 月第一版，頁 267～656）與羅熾主編《太平經注譯·上·中·下》（重慶：西南師範大學出版社，1996 年 8 月第一版）為輔，

大學學報》（哲社），1989 年一期，頁 51～52；(8)石磊，〈試論《太平經》中的經濟思想〉，《宗教學研究》，1990 年三至四期，頁 51～52；(9)林富士，〈試論《太平經》的疾病觀〉，《中央研究院歷史語言研究所集刊》第六十二本第二分，1993 年 4 月，頁 226～227；(10)馬良懷，〈兩漢宇宙期與道教的產生〉，收載於：陳鼓應，《道家文化研究·第五輯》，上海古籍出版社，1994 年，頁 343～352。

〔註 7〕 此說法見於：(1)喻松清，〈道教的起源與形成〉，《歷史研究》，1963 年五期，頁 164；(2)金棹，〈試論道教的起源〉，《哲學研究》，1988 年十一期，頁 55～56；〈東漢道教的救世說與醫學〉，《世界宗教研究》，1989 年一期，頁 106～118；(3)金春峰，〈《太平經》的思想特點及其與道教的關係〉，收載於：《漢代思想史》，北京：中國社會科學出版社，1987 年，頁 542～552；(4)陳吉山，〈《太平經》初研〉，《道教學探索》六號，1992 年，頁 168～186；(5)李養正，〈《太平經》與《墨子》〉，收載於：李養正，《道教與諸子百家》，北京：燕山出版社，1993 年 11 月，頁 103～114；〈《太平經》是否抄襲《四十二章經》議〉，《中國道教》，1995 年一期，頁 20～25；(6)俞理明，〈從《太平經》看道教稱謂對佛教稱謂的影響〉，《四川大學學報》，1994 年二期，頁 55～58；(7)郭朋，〈早期道教的產生〉，收載於：《中國佛教思想史·上卷》，福建人民出版社，1994 年 9 月，頁 15～29；(8)王平，《太平經研究》，台北：文津出版社，1995 年 10 月，頁 26～29；(9)劉澤華主編，〈早期道教和《太平經》的政治思想〉，收載於：劉澤華主編，《中國政治思想史·秦漢魏晉南北朝卷》，浙江人民出版社，1996 年 11 月，頁 417～419；(10)陳麗桂，〈從《太平經》看道教對黃老理論的附會與轉化〉，《中國學術年刊》十六期，1995 年 3 月，頁 27～52；另載於：陳麗桂，《秦漢時期的黃老思想》，台北：文津出版社，1997 年 2 月，頁 209～243；(11)龍晦，〈《太平經注》序〉，收載於：陳鼓應主編，《道家文化研究·第七輯》，上海古籍出版社，1995 年 6 月，頁 173～174；〈論《太平經》中的儒家思想〉，收載於：陳鼓應主編，《道家文化研究·第九輯》，1996 年 6 月，頁 54～65；(12)張建群，〈《太平經》與漢代儒、法思想關係研究〉，《孔孟月刊》第三十五卷第十一期，1997 年 7 月，頁 34～41。

以作爲研究、徵引上的依據。

第三節 《太平經》產生的歷史背景

在第一節時，我們曾從《太平經》的經文中得知其「寫作動機」是：「爲帝王、凡民解除承負之責」。接下來我們試著從當時的「歷史背景」來說明其寫作動機。

《太平經》百七十卷的成書時間大概在東漢順帝之前至桓帝延熹八年之前這段時期，換言之，大約是在東漢安帝至獻帝之間（107～220）。對於東漢社會而言，安帝時期（107～125）可以說是一個相當重要的分水嶺，因爲，從此以後，東漢社會便陷入一種日益嚴重的動亂狀態中，這種動亂狀態，最主要的表徵（原因）便是「盜賊並起」，《後漢書・郭陳列傳》：「自帝即位以後，頻遭元二之災，百姓流亡，盜賊並起，郡縣更相飾匿，莫肯糾發……臣竊見元年以來，盜賊連發，攻亭劫掠，多所傷殺。夫穿窬不禁，則致彊盜；彊盜不斷，則爲攻盜；攻盜成群，必生大姦。」（范曄《後漢書》卷四十六，北京：中華書局，1997 年，頁 412～413）據統計，從安帝永初元年（107）到靈帝光和六年（183）之間，東漢帝國境內至少曾發生四十多起規模大小不一的叛亂事件〔註 8〕，而自從靈帝中平元年（184）發生大規模的「黃巾之亂」與「五斗米道」反叛之後，一直到獻帝延康元年（220）正式結束東漢王朝的統治爲止，盜賊竄亂和地方武裝割據、相互交戰的情形更不曾有止息過〔註 9〕。除此之外，在這段時間（107～220），整個東漢社會還遭受著各種

〔註 8〕詳細內容見於：林富士《漢代的巫者》「附表二・東漢中晚期叛亂活動年表」，台北：稻香出版社，1988 年，頁 245～251。另見於：孫祚民主編《中國農民戰爭史・（一）秦漢卷》中「秦漢農民起義和農民戰爭大事紀」，湖北人民出版社，1989 年 6 月，頁 318～324。

〔註 9〕有關黃巾之亂後，各地變亂蜂起與武裝割據、相互交戰的情形，可參見：(1) 呂振羽，《簡明中國通史》，北京人民出版社，1955 年 6 月，頁 240～244；(2) 范文瀾，《中國通史簡編》，北京人民出版社，1964 年 8 月第四版，頁 195～202；(3) 田昌五，《中國古代農民革命史・第一冊》，上海人民出版社，1979 年 6 月，頁 246～266；(4)劉澤華等編著，《中國古代史（上）》，北京人民出版社，1979 年 7 月，頁 489～506；(5)孫達人，《中國古代農民戰爭史・第一卷》，陝西人民出版社，1980 年 9 月，頁 155～210；(6)謝天佑、簡修煒，《中國農民戰爭簡史》，上海人民出版社，1981 年 9 月，頁 56～78；(7)孫祚民主編，《中國農民戰爭史・（一）秦漢卷》中「秦漢農民起義和農民戰爭大事紀」，湖北人民出版社，1989 年 6 月，頁 266～293；(8)佟建寅、舒小鋒，《中國秦

「自然災害」的侵襲（水災、旱災、蝗災、地震、疾疫等），茲列表如下：

〈東漢災荒表〉〔註10〕

		別				災			災荒總數	有災年數	在位年數	罹災率
		水災	霜雪雹	旱災	蝗災	地震與山崩	風災	疾疫				
東漢早期	光武	8	3	7	10	1	0	3	32	23	33	0.7
	明帝	2	2	5	4	0	0	1	14	8	18	0.44
	章帝	0	0	5	2	1	0	1	9	7	13	0.54
	小計	10	5	17	16	2	0	5	55	38	64	0.59
東漢中期	和帝	7	1	7	4	8	2	0	29	15	17	0.88
	觴帝	3	1	0	0	1	0	0	5	1	1	1
	安帝	13	7	14	7	32	11	2	86	19	19	1
	順帝	4	2	5	2	13	0	1	27	15	19	0.79
	沖帝	0	0	1	0	0	0	0	1	1	1	1
	質帝	1	0	1	0	0	0	0	2	1	1	1
	小計	28	11	28	13	54	13	3	150	52	58	0.9
東漢晚期	桓帝	8	2	3	5	22	0	3	43	20	21	0.95
	靈帝	11	4	4	3	10	3	5	40	18	22	0.82
	獻帝	6	1	3	3	7	1	1	22	11	31	0.35
	小計	25	7	10	11	39	4	9	105	49	74	0.66
總　計		63	23	55	40	95	17	17	310	139	196	0.71

（一）水　災

此災分爲兩個方面，一是長期淫雨，致使莊稼受損，如安帝元初四年秋

漢政治史》，北京人民出版社，1994 年 4 月，頁 198～207。

〔註10〕　〈東漢災荒表〉係筆者參考：(1)鄧雲特「秦漢災荒表」（《中國救荒史》，台北：商務，1966 年 6 月，頁 55）、(2)鄒紀萬「東漢災荒表統計表」（《兩漢土地問題研究》，台灣大學出版，1981 年，頁 243～244）、(3)李劍農「東漢天災表」（《先秦兩漢經濟史稿》，台北：華世出版社，1981 年，頁 173）、(4)羅彤華「東漢災荒表」（《漢代的流民問題》，台灣學生，1989 年，頁 122）四人的統計表後，發現羅彤華「東漢災荒表」雖然僅就《後漢書》「本紀」與「五行志」製成，但其統計細密，所得數據有些比前三表更多，因此筆者便參考、轉引之。

「郡國十淫雨傷稼」、永寧元年「郡國三十三淫雨傷稼」、建光元年「京都及郡國二十九淫雨傷稼」、延光元年「郡國二十七淫雨傷稼」；順帝永建四年「司隸、荊、豫、袞、冀部淫雨傷稼」；桓帝延熹二年夏「霖雨五十餘日」；靈帝建寧元年夏「霖雨六十餘日」、熹平元年夏「霖雨七十餘日」、中平六年夏「霖雨八十餘日」等等（以上資料見於：《後漢書》志第十三〈五行一〉，北京：中華書局，1997 年一版，頁 843）。二是暴雨、大水對人類的危害，如安帝延光元年九月「六州大水」、冬十月「四州大水」、二年六月「京師及郡國四十大水」（《後漢書》卷五〈安帝紀〉，頁 72～73）；順帝永和元年夏「洛陽暴水，殺千餘人」（《後漢書》卷三十上〈楊厚傳〉，頁 284）；桓帝永康元年秋「六州大水，勃海海溢。詔州郡賜弱死者七歲以上錢，人二千；一家皆被害者，悉爲收斂。」（《後漢書》卷七，〈桓帝紀〉，頁 101）等等均屬此類，這一時期的雨水之災多達四十三次。

（二）旱　災

安帝至獻帝間，共發生了三十一次大旱災。如：安帝永初六年夏、七年夏、元初元年夏、二年夏、六年夏，順帝永建三年夏、五年夏、陽嘉二年夏，沖帝永嘉元年夏，桓帝元年夏、延熹元年六月，靈帝熹平五年夏、六年夏、光和五年夏，獻帝興平元年秋等，均發生旱災。（《後漢書》志第十三〈五行一〉，頁 845）

（三）地　震

安帝即位的第一年（永初元年），遂發生了「郡國十八地震」之事（《後漢書》卷五〈安帝紀〉，頁 73）。此後，安帝便與地震結下了不解之緣，在位十九年，就發生了三十二次地震。而自安帝至獻帝年間，共發生地震八十四次之多。同時，這一時期地震的規模也很大，如安帝元初六年春二月「京師及郡國四十二地震，或坼裂，水泉湧出。」（〈安帝紀〉，頁 78）順帝漢安二年「涼州地百八十震」、「山谷坼裂，壞敗城寺，殺害民庶。」（《後漢書》卷六〈順帝紀〉，頁 89）

（四）疾　疫

自安帝元初六年夏四月會稽郡爆發大疾疫後，疾疫就同東漢中晚期的歷史緊緊的糾纏在一起。安帝延光四年冬，桓帝元嘉元年、延熹四年，靈帝建寧四年、熹平二年、光和二年、光和五年、中平二月，獻帝建安二十二年等

頻頻出現，致使「家家有強尸之痛，室室有號泣之哀，或闔門而殪，或舉族而喪者。」（《後漢書》志第十七〈五行五〉，頁 863）

　　東漢安帝至獻帝年間的自然災害具有時間長（前後達一百一十餘年），次數多，規模龐大，多種災害同時迸發等特點，現援引數例以證之：

　　安帝永初元年「郡國四十一縣三百一十五雨水。四瀆溢，傷秋稼，壞城郭，殺人民。」（《後漢書》志第十一〈天文中〉，頁 835）「郡國十八地震，四十一雨水，或山水暴至；二十八大風，雨雹。」永初二年六月「京師及郡國四十大水，大風，雨雹。」（《後漢書》卷五〈安帝紀〉，頁 73）元初六年春二月「京師及郡國四十二地震，或坼裂，水泉湧出。」「夏四月，會稽大疫，遣光祿大夫將太醫循行疾病，賜棺木，除田租、口賦。」「沛國、勃海大風，雨雹。五月，京師旱。」十二月「郡國八地震」（〈安帝紀〉，頁 78）；桓帝建和三年大疾疫「京師廄舍，死者相枕，郡縣阡陌，處處有之。」（《後漢書》卷五〈桓帝紀〉，頁 94）永興元年秋七月「郡國三十二蝗。河水溢。百姓飢窮，流冗道路，至有數十萬戶。」（〈桓帝紀〉，頁 95）獻帝興平元年六月「丁丑，地震；戊寅，又震。乙巳晦，日有食之，帝避正殿，寢兵，不聽事五日。大蝗。」秋七月「三輔大旱，自四月至于是月。帝避正殿請雨，遣使者洗囚徒，原輕繫。是時穀一斛五十萬，豆麥一斛二十萬，人相食啖，白骨委積。」（《後漢書》卷九〈獻帝紀〉，頁 115）

　　除此之外，在動亂、交戰與自然災害的雙重侵襲下，形成嚴重的「社會經濟問題」（主要是饑荒、土地兼併、貧富懸殊對立以及流民問題等）〔註11〕。在政治上，幼主繼位、外戚宦官交替擅權、舉官科考失當以及發生「黨錮之禍」，一再衝擊著東漢王朝的內政〔註12〕。對外，羌族、鮮卑、匈奴、烏桓、

〔註11〕　有關東漢中晚期所發生嚴重的「社會經濟問題」的詳細論述見於：(1)劉澤華等編著，《中國古代史（上）》，北京人民出版社，1979 年 7 月，頁 429～445；(2)鄔紀萬，《兩漢土地問題研究》，台灣大學出版，1981 年，頁 97～118；(3)孫祚民主編，《中國農民戰爭史·（一）秦漢卷》，湖北人民出版社，1989 年 6 月，頁 233～254；(4)翦伯贊，《秦漢史》，北京大學出版，1991 年 6 月，頁 385～394；(5)劉文起，《王符〈潛夫論〉所反映之東漢情勢》，台北：文史哲，1995 年 12 月，頁 103～145。

〔註12〕　東漢中晚期的政治情形，見於：(1)呂振羽，《簡明中國通史》，北京人民出版社，1955 年 6 月，頁 237～240；(2)范文瀾，《中國通史簡編》，北京人民出版社，1964 年 8 月第四版，頁 142～160；(3)田昌五，《中國古代農民革命史·第一冊》，上海人民出版社，1979 年 6 月，頁 246～251；(4)劉澤華等編著，《中國古代史（上）》，北京人民出版社，1979 年 7 月，頁 446～452；(5)翦

蠻夷也在這個時候紛紛起兵侵擾西方、北方和南方的邊郡地區〔註 13〕。這使東漢政府面臨了來自四面八方、裏裏外外、各式各樣交織、層疊的挑戰和危機。

　　而在《太平經》中也同樣反映了東漢中晚期時的歷史：

　　卷十八至三十四〈解承負訣〉：「今天地陰陽，內獨盡失其所，故病害萬物。帝王其治不和，水旱無常，盜賊數起，反更急其刑罰，或增之重益紛紛，連結不解，民皆上呼天，縣官治乖亂，失節失常，萬物失傷，上感動蒼天，三光勃亂多變，列星亂行。」（《太平經合校》，頁 23，以下只註頁數）

　　卷三十六〈事死不得過生法〉：「下古更熾祀他鬼而興陰，事鬼神而害生民，臣秉君權，女子專家，兵革暴起，奸邪成黨，諂諛日興，政令日廢，君道不行，此皆興陰過陽，天道所惡，致此災咎，可不慎哉？」（頁 53）

　　卷四十三〈大小諫正法〉：「臣有忠善誠信而諫正其上也，君不聽用，反欲害之，臣駭因結舌為瘖，六方閉不通。賢儒又畏事，因而蔽藏，忠信伏匿，真道不得見。君雖聖賢，無所得聞，因而聾盲，無可見奇異也。日以暗昧，君聾臣瘖，其禍不禁；臣昧君昏，奸邪橫行；臣瘖君聾，天下不通，善與惡不分別，天災合同，六極戰亂，天下並凶，可不慎乎哉？」（頁 102）

　　卷五十一〈校文邪正法〉：「人民雲亂，皆失其居處，老弱負荷，天死者半，國家昏亂迷惑，至道善德隔絕，賢者蔽藏，不能相救，是不大劇病邪？」（頁 188）

伯贊，《秦漢史》，北京大學出版，1991 年 6 月，頁 456～471；(6)佟建寅、舒小鋒，《中國秦漢政治史》，北京人民出版社，1994 年 4 月，頁 184～197；(7)劉文起，《王符《潛夫論》所反映之東漢情勢》，台北：文史哲出版社，1995 年 12 月，頁 19～69；(8)劉澤華主編，《中國政治思想史·秦漢魏晉南北朝卷》，浙江人民出版社，1996 年 11 月，頁 346～354。

〔註13〕 東漢中晚期外族侵擾的情形，見於：(1)田昌五，《中國古代農民革命史·第一冊》，上海人民出版社，1979 年 6 月，頁 231～245；(2)劉澤華等編著，《中國古代史（上）》，北京人民出版社，1979 年 7 月，頁 455～457；(3)翦伯贊，《秦漢史》，北京大學出版，1991 年 6 月，頁 446～456；(4)劉文起，《王符《潛夫論》所反映之東漢情勢》，台北：文史哲出版社，1995 年 12 月，頁 247～266。

卷九十二〈火氣正神道訣〉:「邪人多居位,共亂帝王之治。今使正人不得其處,天地爲其邪氣失正。」(頁 377~378)

卷九十六〈守一入室知神戒〉:「夫中古以來,人半愚,以爲選舉爲小事也,不詳察之,半得非其人,半亂天官,政半凶也。下古復承負中古輕事,復令自易,不詳察之,選舉多不俱得其人;汙亂天官,三光爲其不正,證上見於天,天不喜之也。故多凶年不絕,絕者復起,不知天甚怨惡之。人不深自責,反言天時運也。古者爲有如此者。天道非人,反以其太過上歸天,下愚不自思過失,反復上共責歸過於帝王。天乃名此爲大反逆之民,過在下傳欺其上,以惡爲善,以善爲惡,共致此災,反以上歸天。以歸天者,復上責其君,天下絕洞凶民臣無狀之人也。今天地神靈共疾惡之,故天乃親自謁,遣吾下爲德君,更制作法也。選舉署人官職,不可不審且詳也。」(頁418)

卷九十七〈事師如事父言當成法訣〉:「君愚,其洽常亂憒,不得天心。霸君之臣盡佞僞,多猾巧詐,共熒惑其君,使其失天正路,反入兇戶,故與天爲大怨。」(頁 436~437)

卷一一二〈有過死謫作河梁誡〉:「樹木枯落,民無餘糧。更相殘賊,爭勝而已。不念眞後,更爲貧人,收無所得,相隨流客。未及賤穀之鄉,飢餓道傍,頭眩目冥,步行猖狂,不食有日,餓死不見葬。家無大無小,皆被災殃。」(頁 575)「五星失度,兵革橫行,夷狄內侵,自虜反叛。」(頁 576)

在這種內憂外患的情勢下,除了東漢政府必須思考並採取因應之道外,知識份子和一般民眾自然也面臨了如何救世救國或自救自處的問題,例如,順帝永建二年,廣漢布衣楊厚便因通曉圖讖而爲順帝「特徵」至朝廷,「因陳漢三百五十年之災,宜蠲法改獻之道,及消伏災異,凡五事」,此後,「每有災異,(楊)厚輒上消救之法。」(《後漢書》卷三十上〈楊厚傳〉,頁 284)而北海郎顗,雖不就州郡辟召徵舉,亦於順帝陽嘉二年因「災異屢見」而詣闕上章,痛陳「消災之術」(《後漢書》卷三十下〈郎顗傳〉,頁 285~291)。此外,平原襄楷也因「桓帝時,宦官專朝,政刑暴濫,又比失皇子,災異尤數」,而於延熹九年「自家詣闕上疏」,力言天下之危亂及其興革救亡之道。(《後漢書》

卷三十下〈襄楷傳〉，頁 291）

此外，值得注意的是，襄楷在此次上疏之前似乎曾呈獻過一部「神書」，因其疏文中曾說：「臣前上琅邪宮崇受干吉神書，不合明聽。」（〈襄楷傳〉，頁 292）至於這部「神書」的內容，以及呈獻此書的目的，襄楷在此次「詣闕」的第二次上書中曾言：「夫天子事天不孝，則日食星鬥。比年日食於正朔，三光不明，五緯錯戾。前者宮崇所獻神書，專以奉天地順五行爲本，亦有興國廣嗣之術。其文易曉，參同經典，而順帝不行，故國胤不興，孝沖、孝質頻世短祚。」（頁 292）由此可知，這部「神書」在順帝時，便曾由宮崇呈獻過一次，其目的乃在教帝王「奉天地、順五行」及「興國廣嗣」之術，以救治危亂災異，期能興國廣嗣，卻不爲朝廷所用，所以襄楷再次呈獻此書，並於疏文中再次提及，其目的可說和宮崇無異。

綜合上述說法，再加上「爲帝王、凡民解除承負之責」這一方向，我們得知《太平經》的「寫作動機」是：救治當時危亂災異的東漢社會，以期能解除帝王、凡民的承負之責！

第四節 《太平經》思想總覽

既然「解除帝王、凡民承負之責」是《太平經》成書的動機，接著我們便要問：要如何解除帝王、凡民的承負之責？有什麼具體的解除辦法嗎？關於這個問題，我們試著從《太平經》中所包涵的思想內容作回答。關於《太平經》的內容主旨，史書與道書中的記載是：

1. 《後漢書·襄楷傳》：「前者宮崇所獻神書，專以奉天地順五行爲本，亦有興國廣嗣之術。其文易曉，參同經典。」（《後漢書》卷三十下〈襄楷傳〉，頁 292）「初，順帝時，琅邪宮崇詣闕，上其師干吉於曲陽泉水上所得神書百七十卷，皆縹白素朱介青首朱目，號《太平清領書》。其言以陰陽五行爲家，而多巫覡雜語。」（〈襄楷傳〉，頁 293）

2. 漢牟子《理惑論》：「王喬、赤松、八僊之籙神書百七十卷，長生之事，與佛經豈同乎？。」（《弘明集》卷一，台北：中華書局，1983 年 12 月，頁 11）

3. 晉葛洪《神仙傳》：「宮崇者，琅邪人也。有文才，著書百餘卷。師事仙人于吉。漢元帝時，崇隨吉於曲陽泉上遇天仙，授吉青縑

朱字《太平經》十部。吉行之得道，以付崇。後上此書，書多論
陰陽否泰災眚之事，有天道，有地道，有人道，云治國者用之，
可以長生，此其旨也。」（轉引自：〈《太平經》著錄考〉，《太平經
合校》，頁 747～748）

4. 唐釋玄嶷《甄正論》：「有《太平經》百八十卷，是蜀人于吉所造。
此人善避形跡，不甚苦錄佛經。多說帝王理國之法，陰陽生化等
事。」（轉引自：〈《太平經》著錄考〉，《太平經合校》，頁 748）

5. 梁孟安排《道教義樞》卷二〈七部義〉：「太平者此經以三一爲宗，
老君所說。按甲部第一云：學士習用其書尋得其根，根之本宗三
一爲主。」（明《正統道藏》〈太平部〉諸五，第二七七冊，頁 8）

6. 宋張君房《雲笈七籤》卷六〈四輔〉：「太平者，三一爲宗。老君
所說。甲部第一云：學士習用其書，尋得其根，根之本宗，三一
爲主。」（《雲笈七籤》，北京：華夏出版社，1996 年 8 月，頁 31）

7. 敦煌本《太平經》殘卷（S4226）〈前序〉：「□（按：當爲「甲」
字）第一云：誦讀吾書者之災害不得復起，此上古聖賢所以候得
久之本也。書有三等，一曰神道書，二曰核事文，三曰浮華記。
神道書者，不離實，守本根，與陰陽合，與神同門。核事文者，
考核異同，疑誤不實。浮華記者，離本已遠，錯亂不可常用，時
時可記，故名浮華記。然則精學之士，務存神道，習用其書，守
得其根。根之本宗，三一爲主。以一化三，左無上，右玄老，中
太上。太上統和，無上攝陽，玄老總陰。陰合地，陽合天，和均
人。人、天及地，號爲三才。各有五德，五德倫分。修事畢，三
才後一。得一者生，失一者死。能遵上古之道，則到太平之辰，
故曰三老相應。三五氣和，和生生氣，氣行無死名也。和則溫清
調適，適則日月光明。人功既建，天地順之，故曰先安中五，乃
選仙士，賢者心賢，必到聖治。」（轉引自：湯一介，《魏晉南北
朝時期的道教》‧附錄〈敦煌本《太平經》殘卷（斯‧四二二六）
前序〉，頁 391～392）〔註 14〕

〔註 14〕 英國倫敦博物館藏斯坦因盜去的敦煌寫經 4226 號中，殘存《太平經》的序文
後半、目錄及「經曰」、「緯曰」各一段，卷子末題「太平部卷第二」。目錄則
包括自甲至癸十帙、一百七十卷、三百六十六篇題目的全部（僅缺一、二篇）。
不僅可補「正統本」的闕失，且可窺見《太平經》全書的輪廓。而《太平經》

8. 明白雲霽《道藏目錄詳註》卷四云：「太上老君親授《太平經》。
其經以甲乙丙丁戊己庚辛壬癸爲部，每部一七十卷，編成一百五
（七）十卷。皆以修身養性，保精愛神，內則治身長生，外則治
國太平，消災治疾，無不驗之者。」（轉引自：〈《太平經》著錄考〉，
《太平經合校》，頁 751）

由上述的引文，我們得知《太平經》的內容主旨有：「奉天地、順五行」、「興
國廣嗣」、「陰陽五行」、「巫覡雜語」、「長生之書」、「帝王理國之法」、「陰陽
生化等事」、「三一爲宗」、「修身養性」、「保精愛神」、「治身長生」、「治國太
平」等。

綜合上述史書與道書中有關《太平經》內容主旨的看法，再結合六十餘
年來中國學者關於《太平經》整體思想的概括說法〔註15〕，並結合筆者對《太
平經合校》一書的疏理（詳細內容見於：本論文第四章、五章、六章之內容

甲部以佚，今本《太平經鈔》甲部又是僞作，而據敦煌本《太平經》目錄可
知今本《太平經鈔》癸部恰是《太平經鈔》甲部，而《太平經》甲部第一篇
的基本內容又包含在敦煌本《太平經》前面的序中。因此，筆者便轉引敦煌
本《太平經》殘卷〈前序〉中所包含的甲部第一的全文，以便展開說明《太
平經》內容主旨的問題。

〔註15〕關於六十餘年來中國學者有關《太平經》整體思想的概括說法，見於：(1)陳
攖寧，〈《太平經》〉，收載於：陳攖寧，《道教與養生》，1989 年 7 月，頁 140
～141；(2)楊萬全，〈《太平經》〉，收載於：《道教》，北京：中國大百科全書
出版社，1990 年 5 月，頁 45；(3)朱越利，〈《太平清領書》的內容是什麼？
《天官歷包元太平經》的內容是什麼？《太平經》與前兩種書是什麼關係？
主要內容是什麼？〉，收載於：朱越利，《道教答問》，台北：貫雅文化，1990
年 10 月，頁 40；(4)于民雄，〈《太平經》〉，收載於：于民雄，《道教文化概說》，
1991 年，頁 154～156；(5)劉仲宇，〈《太平經》與《周易參同契》〉，收載於：
牟鍾鑒等著，《道教通論——兼論道家學說》，山東齊魯書社，1991 年，頁 346
～348；(6)任繼愈主編，〈《太平經》〉，收載於：任繼愈主編，《道藏提要》，
北京：中國社會科學出版社，1991 年 7 月，頁 847～851；(7)湯一介，〈《太
平經》——道教產生的思想準備〉，收載於：《魏晉南北朝時期的道教》，1991
年 4 月，頁 36～45；(8)劉精誠，〈《太平經》與太平道〉，收載於：劉精誠，《中
國道教史》，台北：文津出版社，1993 年 7 月，頁 36～41；(9)田誠陽，〈《太
平經》簡介〉，收載於：田誠陽，《道經知識寶典》，1995 年 9 月，頁 173～174；
(10)卿希泰，〈《太平經》〉，收載於：卿希泰主編，《中國道教·第二卷》，上
海：知識出版社，1994 年 1 月，頁 57～59；〈民間道教在漢代的興起〉，收載
於：卿希泰主編，《中華道教簡史》，台北：中華道統出版社，1996 年 2 月，
頁 35～36；〈《太平經》是怎樣形成的？其主要內容有哪些？〉，收載於：卿希
泰主編，《道教常識答問》，江蘇古籍出版社，1996 年 8 月，頁 21～22。

探討），《太平經》百七十卷的內容主旨可歸納成四個方面：

一、神學思想

　　主要是說明天地間存在著無數的「神靈」，且形成一個「神仙世界」（天君、無形委氣神人、大神人、真人、仙人、道人）。神仙世界的諸神靈們主宰整個人間世界，因此強調人人必須「法天、順地」，合天心、順陰陽。而天透過「天人一體」、「天人感應」的方式，以「陰陽災異」與「承負報應思想」的方法來進行對人們的譴告與賞罰。

二、宇宙論思想

　　主要是繼承老子「道」生萬物的思想，結合《周易》的「陰陽」之道和漢代流行的「元氣」說，來闡述其「宇宙生成理論」。並提出天、地、人「三合相通」、「三一為宗」的宇宙觀，來作為彼此相互協力的共生法則。

三、治身長生思想

　　認為人人都具有成仙的可能性，因此以神學與宇宙論思想為理論基礎，提出長生成仙的理論與眾方術、道術，以期能「治身長生」。

四、治國太平思想

　　以「太平世界」為理想，以「致太平」思想為出發點，將神學與宇宙論思想作為理論基礎，而提出一系列政治改良的主張及方法，以期達到「治國太平」。

　　由上述，不難看出「神學」思想與「宇宙論」思想是「治國太平」與「治身長生」兩思想的理論基礎。換言之，「治國太平」的政治思想與「治身長生」的長生成仙思想，可以說是百七十卷《太平經》內容的兩大目標。所以在《太平經》中所有多樣性與多層性的思想，均可被歸屬於這兩大目標內。〔註16〕

〔註16〕為什麼《太平經》將整體思想內容分解成「治國太平」（致太平）與「治身長生」（成神仙）兩大目標？湯一介先生曾指出：「秦漢以後，中國進入了一個封建社會發展的新時期，從那以後中國大一統的封建帝國的規模已經基本確立。這時有兩件大事為最高統治者所要求，一是鞏固其封建專制統治，即所謂『致太平』；二是如何延長自己的壽命和有子孫嗣續，以保證其統治的延續，所以秦始皇和漢武帝都希求長生不死。然而在西漢，鞏固封建統治的三綱五常、君權神授等思想，並沒有和求長生不死的神仙之術結合起來，雖然當時的許多皇帝對這兩個方面都同時提倡，雖然董仲舒提倡的天人感應目的論和

綜合上述，既然《太平經》中所包含的思想內容可被歸屬於兩大類。那我們便可以說：「治國太平」的政治思想與「治身長生」的長生成仙思想，便是《太平經》的作者，針對「解除帝王、凡民承負之責」這一「寫作動機」，所提出的具體解除方法。易言之，「政治思想」與「長生成仙思想」正是《太平經》的作者所提出「解除帝王、凡民承負之責」的具體方法，而「神學」思想與「宇宙論」思想便是這些具體解除方法的理論基礎！

神仙方術都很流行。但到東漢順帝以後，這兩方面漸有結合的趨勢，而這兩者的結合最可能由一種宗教來實現，實現這種結合的就是原始道教，而集中地表現了這兩個方面結合的又正是道教經典《太平經》。」（湯一介，《魏晉南北朝時期的道教》，頁36）除了這一社會歷史背景外，再加上前述的「東漢中晚期」的特殊社會歷史背景，我們便明瞭《太平經》的作者為什麼從「治國」與「治身」兩個方面來開展自己的思想論述！

第四章　《太平經》神學思想研究
——天人一體的神學思想

　　史書與道書中皆稱《太平經》爲「神書」，且由《太平經》中的經文，可見「神人授書」這一事實，而史書與道書中亦存在「神人授書」這一說法。因此，《太平經》的性質應是一部「宗教神學」性質的「神書」——「受天的神書」；且其內容又「專以奉天地、順五行爲本」，因此「神學思想」在《太平經》中應佔有一定的比重。

第一節　神仙世界的建立

　　《太平經》中存在著許多神靈，天上、地上乃至於人身中莫不有神靈存在；一切自然物乃至於時間、氣候、方位亦莫不有神靈，也莫不有神靈主宰。

一、《太平經》中「神」之定義與種類

　　何謂「神」？《太平經》中的解釋是：

　　　卷五十六至六十四〈闕題〉：「神者，上與天同形合理，故天稱神，能使神也。」（頁221）又「神也者，皇天之吏也。神人者，皇天第一心也。」（頁221）

　　　卷六十八〈戒六子訣〉：「夫道迺洞，無上無下，無表無裏，守其和氣，名爲神。」（頁258）

　　　卷七十〈學者得失訣〉：「身無道而不成神」（頁278）

　　　卷九十二〈火氣正神道訣〉：「夫神，乃天之正吏。」（頁377）〈洞

極上平氣無蟲重複字〉：「神者，天之使也。」（頁 379）又「精者吞
之，謂之神也。」（頁 380）

卷九十八〈神司人守本陰祐訣〉：「夫神，乃無形象變化無窮極之物
也。」（頁 439）

卷一二〇至一三六〈太平經鈔〉辛部：「夫神明精氣者，隨意念而行，
不離身形。」（頁 698）又「故天地之道，據精神自然而行。」（頁
699）

卷一五四至一七〇〈太平經鈔〉癸部：「道之生人，本皆精氣也，皆
有神。」（頁 723）

〈太平經佚文〉：「神者，道也。入則為神明，出則為文章，皆道之
小成也。」（頁 734）又「神以道全。」（頁 736）又「夫神者，因道
而行。」（頁 737）

上述引文，概括起來說：神即「天」、即「道」、即「精氣」、即「物之精」。

據王宗昱先生的說法，在秦漢時期中國思想史上有關「神」的涵義有三
個系統的解釋，即：「神靈之神」、「神妙之神」、「精神之神」〔註 1〕。而此三
種「神」之涵義在《太平經》中均保存下來：

（一）神靈之神

《太平經》中的「人格神」（Personal God）很多，主要有：「天君」、「無
形委氣神人」、「大神人」、「神人」、「真人」、「仙人」、「四時五方神」、「日月
星曆神」、「司過神」、「身中神」等。

卷一三七至一五三〈太平經鈔〉壬部：「天君者則委氣，故名天君，

〔註 1〕 「神靈之神」應是「神」一詞的最初涵義。這個涵義應該是由原始宗教的神
靈崇拜中繼承下來的。它的外延最初包括了祖先神、自然神。這些神都是人
格化的神。「神妙之神」實際是從神靈之神引伸出來的。人格神有著神秘的作
用，這種作用也被稱為神。對於神的這種涵義可以用《易傳·說卦》的話表
述：「神也者妙萬物而為言者也」。「精神之神」這一涵義，從其稱為「精」神
來看，它與《管子》書中有關氣的學說有著必然的聯繫。「精」指細微的氣，
精氣是一切有生命的存在物的根據（以上說法見於：王宗昱，〈《太平經》中
的人身中之神〉，《中國文化月刊》一五大期，1993 年 1 月，頁 71）。類似的
說法尚見於：(1)張岱年，《中國古典哲學概念範疇要論》，北京：中國社會科
學出版社，1989 年 12 月，頁 93～100；(2)葛榮晉，《中國哲學範疇導論》，
台北：萬卷樓圖書公司，1993 年 4 月，頁 47～51，頁 275～282。

尊無上。」（頁 715）又「上皇神人之尊者，自名委氣之公，一名大神，常在天君左側。」（頁 710）又「大神爲上主領群神。」（頁 710）

卷四十二〈九天消先王災法〉：「無形委氣之神人，職在理元氣；大神人職在理天，眞人職在理地，仙人職在理四時，大道人職在理五行。」（頁 88）

卷六十九〈天讖支干相配法〉：「皇天迺以四時爲枝，厚地以五行爲體，枝主衰盛，體主規矩。部此九神，周流天下，上下洞極，變化難睹。爲天地重寶，爲眾神門户。」（頁 262）

卷七十二〈齋戒思神救死訣〉：「天地自有神寶，悉自有神精光，隨五行爲色，隨四時之氣興衰，爲天地使，以成人民萬物也。」（頁 292）又「此四時五行精神，入爲人五藏神，出爲四時五行神精。其近人者，名爲五德之神，與人藏神相似；其遠人者，名爲陽歷，字爲四時兵馬，可以拱邪，亦隨四時氣衰盛而行。」（頁 292）又「東方之騎神持矛，南方之騎神持戟，西方之騎神持弓弩斧，北方之騎神持鑲楯刀，中央之騎神持劍鼓。」（頁 293）

卷八十六〈來善集三道文書訣〉：「日月星歷，親天之列宿神也。」（頁 314）

卷一一一〈大聖上章訣〉：「心神在人腹中，與天遙相見，音聲相聞，安得不知人民善惡乎？」（頁 545）

卷一一二〈寫書不用徒自苦誡〉：「司命，近在胸心，不離人遠人，爲精神舍宅。」（頁 572）〈有過死謫作河梁誡〉：「神在中守，司人善惡。何須遠慮，七政司候神門户。」（頁 577）

卷一五四至一七〇〈賢不肖自知法〉：「知元氣自然之根，尊天重地，日月列星、五行、四時、六甲陰陽、萬物蚑行動搖之屬，皆不空生。鬼神精魅六合之間，表裏風雲雷電不空行也。此皆有神有君長。」（頁 724）

（二）神妙之神

神妙之神在《太平經》中並沒有系統的論述。卷九十八〈神司人守本陰

祐訣〉：「夫神，乃無形象變化無窮極之物也。」（頁 439）這段話講的是「神」的神妙作用，它可以看作是對「神靈之神」和「精神之神」的神妙性質之概括、抽象描述。其餘有關「神妙之神」的論述則散見於對神靈之神和精神之神的討論中。如在卷十八至三十四〈闕題〉：「故天地不語而長存，其治獨神。」（頁 26）又「神哉，道之爲治。」（頁 27）〈合陰陽順道法〉：「得其治者神且明。」（頁 11）還因爲天人感應的關係，神妙之神在《太平經》中也被用來描述宇宙間感應的神秘性。卷十八至三十四〈行道有優劣法〉：「天與帝王相去萬萬餘里，反與道相應，豈不神哉？」（頁 17）

（三）精神之神

卷三十九〈解師策書訣〉：「天使太陽之精神來告吾，使吾語；故吾者迺以天爲師。」（頁 70）

卷四十二〈四行本末訣〉：「神者乘氣而行，故人有氣則有神，有神則有氣，神去則氣絕，氣亡則神去。故無神亦死，無氣亦死。」（頁 96）

卷五十〈諸樂古文是非訣〉：「精者，乃能見其精神來對事也。」（頁 183）

卷五十六至六十四〈闕題〉：「萬二千物，各自存精神，……萬二千物精神，共天地生，共一大道而出，有大有中有小。」（頁 218）

卷六十七〈六罪十治訣〉：「凡物自有精神，亦好人愛之，人愛之便來歸人。」（頁 251）

卷七十一〈致善除邪令人受道戒文〉：「精神消亡，身即死矣。」（頁 286）

卷七十三至八十五〈闕題〉：「積精不止神之門」（頁 305），〈闕題〉：「積精篤竭自化，易其形容，即是上天聖人也。」（頁 309）

卷一○三〈虛無無爲自然圖道畢成誡〉：「凡萬物生自有神，千八百息人爲尊，故可不死而長仙。」（頁 472）

卷一一五至一一六〈某訣〉：「天之授性，各自有精神。樂善，善精神至；樂惡，惡精神至。」（頁 639）

卷一二〇至一三六〈太平經鈔〉辛部：「天地之間，凡事各自有精神。」
（頁 685）又「凡圖畫各自有精神，……故天有吉有凶，吉則吉精
神，凶則凶精神。地亦有吉凶，吉則吉精神，凶則凶精神。」（頁
688）又「神明精氣，不得去離其身，則不知老不知死矣。夫神明精
氣者，隨意念而行，不離身形。」（頁 698）又「故天地之道，據精
神自然而行。故凡事大小，皆有精神，巨者有巨精神，小者有小精
神，各自保養精神，故能長存。精神減則老，精神老則死，此自然
之分也，安可強爭乎？凡事安危，一在精神。故形體爲家也，以氣
爲輿馬，精神爲長吏，興衰往來，主理也。若有形體而無精神，若
有田宅城郭而無長吏也。」（頁 699）

卷一三七至一五三〈太平經鈔〉壬部：「神者居人心陰，精者居人腎
陰，鬼者居人肝陰。」（頁 706）又「人有一身，與精神常合并也。
形者乃主死，精神乃主生。常合即吉去則凶。無精神則死，有精神
則生。常合即爲一，可以長存也。」（頁 716）

卷一五四至一七〇〈分別形容邪自消清身行法〉：「道之生人，本皆
精氣也，皆有神也。」（頁 723）又〈利尊上延命法〉：「人本生時乃
名神也，乃與天地分權分體分形分神分精分氣分事分業分居。」（頁
726）又〈還神邪自消法〉：「分別三氣所長，還神守身。太陽天氣故
稱神。形者，太陰主祇，包養萬物，故精神藏於腹中，故地神稱祇。
精者，萬物中和之精。……神者主生，精者主養，形者主成。」（頁
727）又「人氣亦輪身上下，神精乘之出入。神精有氣，如魚有水，
氣絕神精散，水絕魚亡。」（頁 727）又〈令人壽治平法〉：「三氣共
一，爲神根也。一爲精、一爲神、一爲氣。此三者，共一位也，本
天地人之氣。神者受之於天，精者受之於地，氣者受之於中和，相
與共爲一道。故神者乘氣而行，精者居其中也。三者相助爲治。故
人欲壽者，乃當愛氣尊神重精也。」（頁 728）又〈是神去留效道法〉：
「人不臥之時，行坐言語，分明白黑，正行住立，文辭以爲法度，
此人神在也。及其瞑目而臥，光景內藏，所念得之，但不言，神在
內也。及其定臥，精神去遊，身不能動，口不能言，耳不能聞，與
眾邪合，獨氣在，即明證也。故精神不可不常守之，守之即長壽，

失之即命窮。」（頁 731）

〈太平經佚文〉：「夫人本生混沌之氣，氣生精，精生神，神生明。
本於陰陽之氣，氣轉爲精，精轉爲神，神轉爲明。欲壽者當守氣而
合神，精不去其形，念此三合以爲一。」（頁 739）

上述引文，「精神」一詞，除了是構成人生命的要素外，最特別的是它有「人
格神」（Personal God）的涵意。「精神」在《太平經》中成了有形象、有意志、
有行爲、有感情的神靈。因此，「精神之神」在《太平經》中便有兩種涵意：
其一，即是構成人生命的基本、組成要素。其二，即爲具有「人格神」涵意
的神靈。

綜合上述，關於《太平經》中「神」的定義與種類的說法，我們得知：《太
平經》是強調「萬物有神論」。換言之，在《太平經》的神學中是屬於「多神
崇拜」這一類型。天地間除了佔統治地位的「天君」外，存在著各式各樣的
神祇。

二、神仙體系的建立

既然《太平經》中神學是屬於「多神崇拜」的類型，且其又強調「萬物
有神論」。因此，其「是否曾試圖建立自己的神仙體系？」，關於這個問題，
我們試著來看《太平經》中的說法：

卷四十〈分解本末法〉：「今善師學人也，迺使下愚賤之人成善人，
善善而不止，更賢；賢而不止，迺得次聖；聖而不止，迺得深知眞
道；守道而不止，迺得仙不死；仙而不止，迺得成眞；眞而不止，
迺得成神；神而不止，迺得與天比其德；天比不止，迺得與元氣比
其德。」（頁 78）

卷四十二〈九天消先王災法〉：「其無形委氣之神人，職在理元氣；
大神人職在理天；眞人職在理地；仙人職在理四時；大道人職在理
五行；聖人職在理陰陽；賢人職在理文書，皆授語；凡民職在理草
木五穀；奴婢職在理財貨。何乎？凡事各以類相理。無形委氣之神
人與元氣相似，故理元氣。大神人有形，而大神與天相似，故理天。
眞人專又信，與地相似，故理地。仙人變化與四時相似，故理四時
也。大道人長於占知吉凶，與五行相似，故理五行。聖人主和氣，
與陰陽相似，故理陰陽。賢人治文便言，與文相似，故理文書。凡

民亂憒無知，與萬物相似，故理萬物。奴婢致財，與財貨相似，富則有，貧則無，可通往來，故理財貨也。」（頁88～89）

卷四十五〈起土出書訣〉：「今者天都舉，故乃錄委氣之人神人眞人仙人道人聖人賢人，皆當出輔德君治。」（頁125）

卷五十六至六十四〈闕題〉：「賢者好道，故次聖。賢（聖）者入眞道，故次仙。知能仙者必眞，故次眞。知眞者必致神。神者，上與天同形合理，故天稱神，能使神也。神也者，皇天之吏也。神人者，皇天第一心也。」（頁221）又「今神人眞人仙人道人聖人賢人民人奴婢皆何象乎？然神人者象天，天者動照無不知。眞人者象地，地者直至誠不欺天，但順人所種不易也。仙人者象四時，四時者，變化凡物，無常形容，或盛或衰。道人者象五行，五行可以占卜吉凶，長於安危。聖人者象陰陽，陰陽者象天地以治事，合和萬物，聖人亦當合和萬物，成天心，順陰陽而行。賢人象山川，山川主通氣達遠方，賢者亦當爲帝王通達六方。凡民者象萬物，萬物者生處無高下，悉有民，故象萬物。奴婢者衰世所生，象草木之弱服者，常居下流，因不伸也，奴婢常居下，故不伸也，故象草木。」（頁221～222）又「故奴婢賢者得爲善人，善人好學得成賢人；賢人好學不止，次聖人；聖人學不止，知天道門户，入道不止，成不死事，更仙；仙不止入眞，成眞不止入神，神不止乃與皇天同形。」（頁222）又「故上神人舍於北極紫宮中也，與天上帝同象也，名天心神，神而不止，乃復踰天而上，但承委氣，有音聲教化而無形，上屬天上，憂天上事。神人巳下，共憂天地間六合内，共調和無使病苦也。」（頁222）又「奴婢順從君王，學善能賢，免爲善人良民，良民善人學不止成賢人，賢人學不止成聖人，聖人學不止成道人，道人學不止成仙人，仙人學不止成眞人，眞人學不止成大神人，大神人學不止成委氣神人。」（頁222）又「故天第一，地次之，神人次之，眞人次之，仙人次之，道人次之，聖人次之，賢人次之。此八者，皆與皇天心相得，與其同意并力，是皆天人也。天之所欲仕也，天内各以職署之，故思慮常相似也，是天所愛養人也。」（頁222～223）

卷七十一〈致善除邪令人愛道戒文〉:「一爲神人,二爲眞人,三爲
仙人,四爲道人,五爲聖人,六爲賢人,此皆助天治也。神人主天,
眞人主地,仙人主風雨,道人主教化吉凶,聖人主治百姓,賢人輔
助聖人,理萬民錄也,給助六合之不足也。」(頁 289)

卷一三七至一五三〈太平經鈔〉壬部:「上古第一神人、第二眞人、
第三仙人、第四道人」(頁 709),又「朝天謁見,自有常日。當以
月初建,大神小神,自相差次,銓次尊卑。朝大臣不過平旦朝會,
群神各明部署,案行無期,務明其文書,督責有職之人,先坐其事,
當如天君教令。有所白,輒開明堂,乃得所言,各有所明,各有所
帶,不得無有功效。」(頁 711)

卷一五四至一七〇〈賢不肖自知法〉:「夫人愚學而成賢,賢學不止
成聖,聖學不止成道,道學不止成仙,仙學不止成眞,眞學不止成
神,皆積學不止所致也。」(頁 725)

〈太平經佚文〉:「後學得道,各有品階,至於指極,聖眞仙人。」
(頁 735)又「大神比如國家忠臣,治輔公位,名爲大神。大神有
小私,天君聞知復退矣。故不敢懈怠。小神者安得自在。」(頁
737)

從以上引文中,我們得知《太平經》曾試圖建立自己的「神仙體系」,其初步
編制出天上神仙的等級系列。而這個神仙系統的主要等級分爲:「天君」、「無
形委氣神人」、「大神人」、「眞人」、「仙人」、「道人」六級。而道人以下降爲
「人間等級」,有:「聖人」、「賢人」、「善人」、「凡民」、「奴婢」五等,其中
聖人與賢人是人間等級中最高的兩級。值得一提的是:「神仙等級」與「人間
等級」不是壁壘分明而不能踰越的。人間等級中的五等人,可經由學習、修
行而依次晉升,最高可達到無形委氣神人的等級。如此,「神仙世界」同「人
間世界」相連接,爲凡民超凡入仙鋪設了層層階梯,組成一個「天人合一」
的世界。〔註2〕

〔註2〕 《太平經合校・下冊》後附有「乘雲駕龍圖」,圖中仙童、玉女服飾是有區別
的;而中央的神人代表尊者是端坐,其他爲其隨從爲站立;且龍輦又有前導、
後衛。此圖極似人間的帝王出巡的景象,由此可看出「神仙世界」亦是存在
有等級制度。

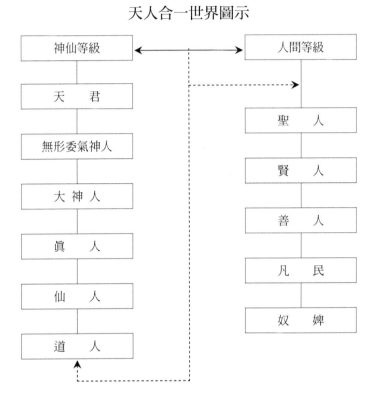

天人合一世界圖示

三、天君與諸神的職掌與工作

神仙世界分成六個等級，諸神人所職掌的工作各有不同，我們試著看《太平經》中的說法：

> 卷四十二〈九天消先王災法〉：「其無形委氣之神人，職在理元氣；大神人職在理天；真人職在理地；仙人職在理四時；大道人職在理五行；聖人職在理陰陽；賢人職在理文書，皆授語；凡民職在理草木五穀；奴婢職在理財貨。何乎？凡事各以類相理。無形委氣之神人與元氣相似，故理元氣。大神人有形，而大神與天相似，故理天。真人專又信，與地相似，故理地。仙人變化與四時相似，故理四時也。大道人長於占知吉凶，與五行相似，故理五行。聖人主和氣，與陰陽相似，故理陰陽。賢人治文便言，與文相似，故理文書。凡民亂憒無知，與萬物相似，故理萬物。奴婢致財，與財貨相似，富則有，貧則無，可通往來，故理財貨也。夫皇天署職，不奪其心，各從其類，不誤也。」（頁88～89）

卷五十六至六十四〈闕題〉：「今神人真人仙人道人聖人賢人民人奴
婢皆何象乎？然神人者象天，天者動照無不知。真人者象地，地者
直至誠不欺天，但順人所種不易也。仙人者象四時，四時者，變化
凡物，無常形容，或盛或衰。道人者象五行，五行可以占卜吉凶，
長於安危。聖人者象陰陽，陰陽者象天地以治事，合和萬物，聖人
亦當合和萬物，成天心，順陰陽而行。賢人象山川，山川主通氣達
遠方，賢者亦當爲帝王通達六方。凡民者象萬物，萬物者生處無高
下，悉有民，故象萬物。奴婢者衰世所生，象草木之弱服者，常居
下流，因不伸也，奴婢常居下，故不伸也，故象草木。」（頁221～
222）

卷七十一〈致善除邪令人愛道戒文〉：「一爲神人，二爲真人，三爲
仙人，四爲道人，五爲聖人，六爲賢人，此皆助天治也。神人主天，
真人主地，仙人主風雨，道人主教化吉凶，聖人主治百姓，賢人輔
助聖人，理萬民錄也，給助六合之不足也。」（頁289）

由上引文得知，神仙世界中五個等級的職掌分別是：無形委氣神人理元氣、
大神人理天、真人理地、仙人理四時風雨、大道人理五行教化吉凶。而諸神
人爲何所司各有不同，乃因「皇天署職，不奪其心，各從其類」，換言之，就
是諸神人「各以類相理」，因此所職掌的工作就各有不同。

以上僅是說明神仙世界中五個等級的職掌，那「天君」（至尊天神）的職
掌爲何？關於這個問題，《太平經》中對於「至尊天神」在名稱說法上並不完
全一致。有說「皇天上清金闕後聖九玄帝君」爲至尊天神，有說「三皇五帝」
爲至尊天神，有說掌握簿疏善惡之籍的「天君」爲至尊天神，也有說掌管壽
籍的「崑崙北極真人」爲至尊天神。茲引原文如下：

卷一至十七〈太平經鈔〉甲部：「長生大主號太平真正太一妙氣、皇
天上清金闕後聖九玄帝君，姓李，是高上太之胄，玉皇虛無之胤，……
上昇上清之殿，中遊太極之宮，下治十方之天，封掌億萬兆庶，鑒
察諸天河海、地源山林，無不仰從，總領九重十疊，故號九玄也。……
撰長生之方，寶經符圖，三古妙法，祕之玉函，侍以神吏，傳受有
科，行藏有候，垂謨立典，施之種民。」（頁2～3）

卷六十六〈三五優劣訣〉：「天有三皇若三光，地有三皇若高下平，
人有三皇，若君臣民也，天有五帝若五星，地有五帝若五嶽，人有

五帝若五行五藏也。天有三王若三光，地有三王若高下平，人有三王若君臣民；天有五霸若五星，地有五霸若五嶽，人有五霸若五行五藏也。」（頁234）

卷一一〇〈大功益年書出歲月戒〉：「修身正己，不敢犯神靈之所記，迺敢求生索活於天君。」（頁524）「天（天君）遣神往記之，過無大小，天皆知之。簿疏善惡之籍，歲日月拘校，前後除算減年；其惡不止，便見鬼門。」（頁526）又「諸神共知，延者有命，錄籍有真，未生豫著其人歲月日時在長壽之曹，年數且升，乃施名各通，在北極真人主之。」（頁531）又「錄籍在長壽之文，須年月日當昇之時，傳在中極。中極一名崑崙，輒部主者往錄其人姓名，不得有脫。」（頁532）

卷一一一〈大聖上章訣〉：「天君日夜預知，天上地下中和之間，大小乙密事，悉自知之。諸神何得自在乎？故記首尾善惡，使神疏記。天君親隨月建斗綱傳治，不失常意，皆修正不敢犯之。故言天遣心神在人腹中，與天遙相見，音聲相聞，安得不知人民善惡乎？」（頁544～545）

卷一一二〈不忘誡長得福訣〉：「神仙之錄在北極，相連崑崙，崑崙之墟有真人，上下有常。真人主有錄籍之人，姓名相次。高明得高，中得中，下得下。」（頁583）

在第二章時我們得知《太平經》甲部經文滲入了上清派的經典（《靈書紫文》等），係後人所偽補；所以「皇天上清金闕後聖九玄帝君」，應該是道教上清派的至尊天神。因此，「皇天上清金闕後聖九玄帝君」這一至尊天神，應不屬於《太平經》中的至尊天神。而「崑崙北極真人」，應該只是掌管壽命錄籍的「真人」，不可能是至尊天神。而天上的「三皇、五帝、三王、五霸」，是說主宰世界的十六位神人，並非單指統治天上人間的至尊天神。

（一）天君之職掌與工作

由此，《太平經》中的「至尊天神」就只有「天君」。天君的職掌工作計有：

1. 遣神記人之功過

卷一一〇〈大功益年書出歲月戒〉：「天（天君）遣神往記之，過無

大小，天皆知之。簿疏善惡之籍，歲日月拘校，前後除算減年；其惡不止，便見鬼門。」（頁 526）

卷一一一〈善仁人自貴年在壽曹訣〉：「人命有短長，春秋冬夏，更有生死無常。故使相主，移轉相問，壽算增減，轉相付授。故言四時五行日月星宿皆持命，善者增加，惡者自退去，計過大小，自有法常。案法如行，有何脫者？天上地下，相承如表裏，復置諸神并相使。故言天君敕命曹，各各相移，更為直符，不得小私，從上占下，何得有失。」（頁 552）天君言：「聞知此人自責悔過，有歲數也。此本俗人耳，而自責過無解已，更為上善人也。大神數往占視之，知行何如有善意，欲進者且著命年在壽曹，觀其所為，乃得復補不足。」大神言：「此人自責大久，承負除解，請須有闕上補，名為太上善人。」（頁 551）又〈有知人思慕與大神相見訣〉：「天君言：常敕諸神有欲忠孝誠信有功之人，進上姓名。」（頁 558）

卷一一四〈病歸天有費訣〉：「天常為其上，司人是非，使神往來，知人所為，善惡輒白，何有失者。」（頁 619）

卷一一八〈天神考過拘校三合訣〉：「自今以往，天乃興用群神，使行考治人。天上亦三道集行文書以記過，神亦三道集行文書以記過，故人亦三道集行文書以記過。」（頁 673）

2. 司諸神之職而進行賞罰

卷一一一〈大聖上章訣〉：「天君日夜預知，天上地下中和之間，大小乙密事，悉自知之。諸神何得自在乎？故記首尾善惡，使神疏記。天君親隨月建斗綱傳治，不失常意，皆修正不敢犯之。」（頁 544～545）

卷一一二〈寫書不用徒自苦誡〉：「天以占之神為之，使不妄白，上乃得活耳。不者罰謫賣菜都市，不得受取面目，為醜人所輕賤，眾人所鄙，過重謫深，四十年矣。乃得復上為諸神使，中者三十，下者其十。奪其所主，各有分理，能復易心自責，可復長久。」（頁 570～571）

卷一一四〈九君太上親訣〉：「惟太上之君有法度，開明洞照，可知

無所不通，豫知未然之事。神靈未言，豫知所指，神見豫知，不敢欺枉，了然何所。」（頁594）又〈有功天君敕進訣〉：「唯諸天神，時原不及，教其進退，當承天意不可有失。而小不善聞於太上之君耳，……天君出教日，且待於外，須敕諸神伏地，自以當直危立也。教日敕諸神言，天君欲不惜諸神，且未忍相中傷。教謫於中和地上，在京洛十年，賣藥治病，不得多受病者錢。謫竟，上者著聞曹，一歲有功，乃復故。諸神見天君，貫不死之罪，纔得薄謫。誠知過失，自以摧折，不望其生，不忍有中傷之意，復以事謝。天君言：告謝曹吏便下，勿稽留時，使神卓視之。」（頁610～612）

3. 召集諸神集會並宣說事項

卷一三七至一五三〈太平經鈔〉壬部：「天君敕大神，群僚集會，各正其儀，勿使有過，差以法令，各察所部。天上覺知，其過不除。各慎所職，無為諸神所得短。」（頁711）又「天君敕大神曰，郡國之中，有聖智志意，常念貪生之術，願與生神同行，與天合思。欲布恩於人，思惟生成，助天理生，助地養形。慕仁善化，上其姓名於大神，使曹有文辭，數上功，有信可任。曹白其意，天君當自有數，眾神所舉各令保。是郡國選擇，務取尤善。」（頁711～712）又「天君敕明堂，諸當為天君理眾職，務平其心。各行天上所部，使有分理，皆盡忠誠，通達所知，務成其功，務理其所。各譽篤達，宜進所思，音聲所通，其意雖有心言，天君預聞其語，當何隱蔽而不盡忠誠。」（頁712）

（二）諸神人之職掌與工作

諸神人（無形委氣神人、大神人、真人、仙人、大道人）除「各從其類」、「各以類相理」外，尚有以下的工作：

1. 記人之功過

卷一一○〈大功益年書出歲月戒〉：「天（天君）遣神往記之，過無大小，天皆知之。簿疏善惡之籍，歲日月拘校，前後除算減年；其惡不止，便見鬼門。」（頁526）又「已算計諸神所假稟，常以八月晦日，錄諸山海陵池通水河梁淮濟江湖所受出入之簿各分明。天君有所勞賜有簿署，天君前自復數通藏金室署，有心之人令主天君所

問，輒當承所教，宜日夜不解，屬主室之人勿失所索部，別令可知應得有心之人，須以定錄簿。當有使神主爲計名諸當上下，先時百日皆文上勿有失脫。如有文書不相應，計曹不舉者并坐。」（頁533～534）

卷一一一〈善仁人自貴年在壽曹訣〉：「人命有短長，春秋冬夏，更有生死無常。故使相主，移轉相問，壽算增減，轉相付授。故言四時五行日月星宿皆持命，善者增加，惡者自退去，計過大小，自有法常。案法如行，有何脫者？天上地下，相承如表裏，復置諸神并相使。故言天君敕命曹，各各相移，更爲直符，不得小私，從上占下，何得有失。」（頁552）天君言：「聞知此人自責悔過，有歲數也。此本俗人耳，而自責過無解已，更爲上善人也。大神數往占視之，知行何如有善意，欲進者且著命年在壽曹，觀其所爲，乃得復補不足。」大神言：「此人自責大久，承負除解，請須有闕上補，名爲太上善人。」（頁551）又〈有知人思慕與大神相見訣〉：「天君言：常敕諸神有欲忠孝誠信有功之人，進上姓名。」（頁558）

卷一一二〈有過死謫作河梁誡〉：「歲盡拘校簿上，山海陸地，諸祀叢社，各上所得，不用不得失脫。舍宅諸守，察民所犯，歲上月簿，司農祠官，當輒轉相付文辭。大陰法曹，計所承負，除算減年。算盡之後，召地陰神，並召土府，收取形骸，考其魂神。」（頁579）

卷一一四〈病歸天有費訣〉：「天常爲其上，司人是非，使神往來，知人所爲，善惡輒白，何有失者。」（頁619）

卷一一八〈天神考過拘校三合訣〉：「自今以往，天乃興用群神，使行考治人。天上亦三道集行文書以記過，神亦三道集行文書以記過，故人亦三道集行文書以記過。」（頁673）又「今天上良善平氣至，常恐人民有故犯時令而傷之者。今天上諸神共記好殺傷之人，畋射漁獵之子，不順天道而不爲善，常好殺傷者，天甚咎之，地甚惡之，群神甚非之。今恐小人積愚，不可復禁，共淹汙亂洞皇平氣。故今天之大急，部諸神共記之，日隨其行，小小共記而考之。三年與閏并一中考，五年一大考。過重者則坐，小過者減年奪算。三世一大治，五世一減之。故今天上集三道行文書，群神共記過，斷好殺傷

刑罰也。」（頁 672）

卷一二〇至一三六〈太平經鈔〉辛部：「天道有緩有急，人事亦然，有緩有急。天道急，即風雨雷電不疑時而至；人道有急，亦趨走不疑時而至。急者即以時應天法則上之，剌一通付還本事，而有賞罰，緩者須八月爲一日上也，天上法如此。」（頁 686）

2. 司人命籍

卷一一〇〈大功益年書出歲月戒〉：「諸神共知，延者有命，錄籍有眞，未生豫著其人歲月日時在長壽之曹，年數且升，乃施名各通，在北極眞人主之。」（頁 531）又「錄籍在長壽之文，須年月日當昇之時，傳在中極。中極一名崑崙，輒部主者往錄其人姓名，不得有脫。」（頁 532）

卷一一一〈善仁人自貴年在壽曹訣〉：「人命有短長，春秋冬夏，更有生死無常。故使相主，移轉相問，壽算增減，轉相付授。故言四時五行日月星宿皆持命，善者增加，惡者自退去，計過大小，自有法常。案法如行，有何脫者？天上地下，相承如表裏，復置諸神并相使。故言天君敕命曹，各各相移，更爲直符，不得小私，從上占下，何得有失。」（頁 552）

卷一一二〈有過死謫作河梁誡〉：「天地四時五行眾神吏直人命錄，可不敬重。」（頁 574）又「人有命樹生天土各過，其春生三月命樹桑，夏生三月命樹棗李，秋生三月命梓梗，冬生三月命槐柏，此俗人所屬也。皆有主樹之吏，命且欲盡，其樹半生；命盡枯落，主吏伐樹。其人安從得活，欲長不死，易改心志，傳其樹近天門，名曰長生。神吏主之，皆潔靜光澤，自生天之所，護神尊榮。」（頁 578）又〈不忘誡長得福訣〉：「神仙之錄在北極，相連崑崙，崑崙之墟有眞人，上下有常。眞人主有錄籍之人，姓名相次。高明得高，中得中，下得下。」（頁 583）

3. 諸神人相互監察、舉報

卷一一二〈有過死謫作河梁誡〉：「諸神相檢，如繩以墨，何復自從。」（頁 578）又「歲盡拘校簿上，山海陸地，諸祀叢社，各上所得，不用不得失脫。舍宅諸守，察民所犯，歲上月簿，司農祠官，當輒

轉相付文辭。大陰法曹，計所承負，除算減年。算盡之後，召地陰
神，並召土府，收取形骸，考其魂神。當具上簿書，相應不應，主
者為有奸私，罰謫隨考者輕重，各簿文非天所使，鬼神精物，不得
病人。輒有因自相檢飭，自相發舉。有過高至死，上下謫作河梁山
海，各隨法輕重，各如其事，勿有失脫。」（頁 579）

卷一一四〈不用書言命不全訣〉：「天上傳舍，自有簿領，不當得止
者勿止。是天君常教勿妄，恐守傳之吏以威勢也。官有尊卑，不可
彊詐稱大位，而稱久止傳舍。吏輒受天君敕，有過傳舍，上其姓名
官位所屬，不得有隱欺。天君亦自知之，何得為相私明，各如其平。
乃得上不用令敕，簿書數上。是復亡失精光，其壽損減，是為可知，
宜當慎時，無敢自從，而不承上之教也。天上之神，更相案舉，亦
無息時。後進上下人當知是禁，聖明之人自不犯之。恐進上之人不
見其戒，故天下文使知防禁。是天君大恩，恐有犯者。」（頁 614）

除此之外，「大神人」的職掌工作還有：為天君理文書、領導群神、溝通神仙
與調度諸神人渡化凡民等。

卷一三七至一五三〈太平經鈔〉壬部：「上皇神人之尊者，自名委氣
之公，一名大神，常在天君左側，主為理明堂文之書，使可分別，
曲領大職。當為君通神仙，錄未生之人，各有姓名，置年歲月及日
時。當上升之期，使神往師化其身乃上之。」（頁 710）又「大神為
上主領群神，各有所部，宜服明之，勿使有疑。」（頁 710）又「天
上之士乃生天，上受委氣無形而生。知天上之士，何所不知，何所
不明，何所不見，自然元氣，同職共行。天上之士，常在無極之殿，
與天同理文書。上下不失其事，乃知可生之物；復下地形，使得成
就，萬物皆被榮。天上之士，天之所尊敬，諸神所仰，如帝王太子，
敢不敬者乎？」（頁 715）〔註3〕

因此諸神人的工作是：「上神人舍於北極紫宮中也，與天上帝同象也，名天心
神，神而不止，乃復踰天而上，但承委氣，有音聲教化而無形，上屬天上，

〔註3〕「合校本」此處「天上之士」據「天上之士，天之所尊敬，諸神所仰，如帝
王太子」（頁 715）這句話，及楊寄林《《太平經》釋讀》一書的注釋（吳楓主
編，《中華道學通典》，海口：南海出版公司，1994 年 4 月第一版，頁 618）
與羅熾主編《太平經注譯‧下》的注解（重慶：西南師範大學出版社，1996
年 8 月第一版，頁 1197），可知「天上之士」就是指「大神人」。

憂天上事。神人已下，共憂天地間六合內，共調和無使病苦也。」（卷五十六至六十四〈闕題〉，頁 222）

　　綜合上述，經過對《太平經》中「神的定義與種類」的說明，以及陳述「神仙體系的建立」和「天君與諸神的職掌與工作」這兩個命題後；《太平經》初步已經建立了一個與人間世界相對的「神仙世界」來！

第二節　天人一體與天人感應

　　《太平經》中的「神」，是具有意志、情感的「人格神」（Personal God）。而「神」通常與「天」相互解釋，如：「神者，上與天同形合理，故天稱神，能使神。」（頁 221）「神也者，皇天之吏也。神人者，皇天第一心也。」（頁 221）「夫神者，乃天之正吏。」（頁 377）「神者，天之使也。」（頁 377）「天者，為神主神靈之長也。」（頁 371）上述的「天」，其性質極類似於人格神「天君」的地位，可以使神，為神之長。因此，在《太平經》中「天」是具有人格神「天君」的意味存在。

一、《太平經》中「天」之性質與功能

（一）「天」之性質

　　卷十八至三十四〈名為神訣書〉：「天之照人，與鏡無異。」（頁 18）

　　卷五十〈天文記訣〉：「天道有常運，不以故人也。故順之則吉昌，逆之則危亡。」（頁 178）

　　卷五十六至六十四〈闕題〉：「天乃無不覆，無不生，無大無小，皆受命生焉，故為天。」（頁 219）「天者，至道之真也，不欺人也，萬物所當親愛，其用心意，當積誠且信，但常欲利不害，不負一物，故為天也。」（頁 219）

　　卷九十七〈妒道不傳處士助化訣〉：「天道無私，但當獨為誰生乎？」（頁 430）

　　卷一〇〇〈東壁圖〉：「天道無私，但行之所致。」（頁 456）

　　卷一〇一〈西壁圖〉：「天道無私，乃有自然，故不失法也，其事若神。」（頁 458）

卷一一二〈有過死謫作河梁誡〉:「天佑善人,不與惡子。各自加慎,勿相怨咎。各爲身計,行宜人人有知,無有過負於天,……惡逆之人,天不佑也。」(頁 577)

卷一一五至一一六〈闕題〉:「天者好生興物,物不樂,不肯生。」(頁 650)

卷一一七〈天咎四人辱道誡〉:「天乃貴重傳相生,故四時受天道教,傳相生成,無有窮已也,以興長凡物類。」(頁 658)「天者名生稱父,地者名養稱母。因六甲十二子八卦之氣以爲紀,更相生轉相使,故天道得常在不毀敗,是常行施化之功。」(頁 658)「夫皇天,乃凡事之長,人之父母也,天下聖賢所取象也。」(頁 658)又「今上皇天之爲性也,常欲施爲,故主施主與,主生主長。」(頁 661)「天主善,主清明,不樂欲見淹汙辱。」(頁 661)

由上之引文,可知「天」之性質有:「公平」、「公正」、「無私」、「好善」以及「好施養生化」等。此處所謂的「天」,是具有情感與好惡的,其性質極類似於人格神「天君」的角色。《太平經》中的「天」,雖有「自然之天」與「人格神之天」的區別,但經中所側重的還是以具有「人格化的最高主宰」性質的「天」爲主。這個具有人格神化的「天」,其性質極類似於「天君」;或者可說,具有「人格化最高主宰」性質的「天」其實就是「天君」的異稱。以下試舉數例以證之:

卷四十〈分解本末法〉:「夫地爲天使,人爲地使,故天悅喜,則使今年地上萬物大善。天不悅喜,地雖欲養也,使其物惡。」(頁 75)

卷四十三〈大小諫正法〉:「天之所祐者,祐易教,祐至誠,祐謹順,祐易曉,祐敕,天之於帝王最厚矣,故萬般誤變以致之。不聽其教,故廢而致之,天地神明不肯復諫正也,災異日增,人民日衰耗,亡失其職。」(頁 100~101)又「故不失皇天心,故能存其身,安其居,無憂患,無危亡,凶不得來者。」(頁 100)

卷四十九〈急學眞法〉:「夫天地,乃萬物之父母,凡事君長;故常導之以善,不敢開昌導,教之以凶惡之路,……人者天之子也,當象天爲行。」(頁 164)

卷五十六至六十四〈闕題〉:「上神人舍於北極紫宮中也,與天上帝

同象也。」（頁 222）

　　卷六十七〈六罪十治訣〉：「天將祐帝王，予其琦文，……天將欲興有德人君也，爲其生神聖，使其傳天地談，通天地意。」（頁 254）

　　卷六十九〈天讖支干相配法〉：「夫皇天迺以四時爲枝，厚地以五行爲體，枝主衰盛，體主規矩。部此九神，周流天下，上下洞極，變化難睹。爲天地重寶，爲眾神門戶。」（頁 262）

　　卷九十二〈萬二千國始火始氣訣〉：「天者，爲神主神靈之長，故使精神鬼殺人。」（頁 371）

　　卷九十八〈爲道敗成戒〉：「天之爲象法也，乃尊無上，反卑無下，大無外，反小無內，包養萬二千物，善惡大小，皆利祐之，授以元氣而生之，終之不害傷也。故能爲天，最稱神也，最名無（天）上之君也。」（頁 445）

　　卷一一二〈七十二色死尸誡〉：「天知其惡，故使凶神精鬼物待之，入人身中。」（頁 570）

　　卷一一四〈不孝不可久生誡〉：「天遣候神，居其左右，入其身內。」（頁 598）

　　卷一一七〈天咎四人辱道誡〉：「夫皇天，乃凡事之長，人之父母也，天下聖賢所取象也。」（頁 658）

　　卷一一八〈天神考過拘校三合訣〉：「自今以往，天乃興用群神，使行考治人。」（頁 673）

上述的「天」，當其悅喜時則天地萬物皆爲善，但當其不悅時，便使天地萬物皆爲惡；且「天」爲神主、神靈之長，而可遣使諸神來監視人及入人身中司過，因而此處的「天」其性質就如同「天君」一般。

　　綜合上述，《太平經》中的「天」，雖有「自然之天」與「人格神之天」的區別，但經中所側重的還是以具有「人格化的最高主宰」性質的「天」爲主。這個具有人格神化的「天」，其性質極類似於「天君」；或者可說，具有「人格化最高主宰」性質的「天」其實就是「天君」的異稱。

（二）「天」之功能

　　既然，具有「人格化最高主宰」的「天」就是「天君」的異稱。因此，

此處的「天」具有與天君相同的功能：

1. 天能決定人的生死與壽命長短

卷十八至三十四〈解承負訣〉：「夫壽命，天之重寶也。所以私有德，不可僞致。欲知其實，乃天地六合八遠萬物，都得無所冤結，悉大喜，乃得增壽也。一事不悦，輒有傷死亡者。」（頁 22）又「天威一發，不可禁也。獲罪于天，令人夭死。」（頁 23）

卷四十五〈起土出書訣〉：「天者養人命，地者養人形。」（頁 114）「人命在天地，天地常悦喜，乃理致太平，壽爲後，是以吾居天地之間，常駭恣天地，……天地不和，不得竟吾年。」（頁 122）

卷五十〈生物方訣〉：「萬物芸芸，命繫天，根在地，用而安之者在人；得天意者壽，失天意者亡。」（頁 174）

卷六十七〈六罪十治訣〉：「天生人，幸使其人人自有筋力，可以自衣食者。」（頁 242）

卷八十六〈來善集三道文書訣〉：「今凡人命屬天地，天地不喜，返且害病人，則不得竟吾天年壽矣。」（頁 313）

卷一〇二〈經文部數所應訣〉：「天受人命，自有格法。」（頁 464）

卷一一〇〈大功益年書出歲月戒〉：「天（天君）遣神往記之，過無大小，天皆知之。薄疏善惡之籍，歲日月拘校，前後除算減年；其惡不止，便見鬼門。」（頁 526）

卷一一一〈善仁人自貴年在壽曹訣〉：「人命有短長，春秋冬夏，更有生死無常。故使相主，移轉相問，壽算增減，轉相付授。故言四時五行日月星宿皆持命，善者增加，惡者自退去，計過大小，自有法常。案法如行，有何脱者？天上地下，相承如表裏，復置諸神并相使。故言天君敕命曹，各各相移，更爲直符，不得小私，從上占下，何得有失。」（頁 552）

卷一一二〈貪財色災及胞中誡〉：「天減人命，得疾有病，不須求助，煩醫苦巫，錄籍當斷，何所復疑。」（頁 566）

卷一一四〈不用書言命不全訣〉：「天稟人壽，不可再得，作惡年減，

何有相益時乎？」（頁615）

卷一二〇至一三六〈太平經鈔〉辛部：「天之受命，上者百三十，謂之陽曆閏餘也。其次百二十，謂歲數除紀也。其次百歲，謂之和曆物紀也。」（頁695）

卷一五四至一七〇〈救四海知優劣法〉：「天生人凡有三等：第一天生，第二地生，第三人種類。受命天者爲人君，受命地者爲人臣，受命人者爲民。」（頁730）

「天」主宰人的壽命長短及生死問題，並且派遣諸神司人功過。當人有功過時，便由司命之神加以通報而「簿疏善惡之籍」；作惡年減，爲善年加，壽算增減，全由人的行爲善惡所決定。

2. 天能審察人的行為善惡

卷六十七〈六罪十治訣〉：「天居上視人。」（頁256）

卷九十二〈萬二千國始火始氣訣〉：「天地睹人有道德爲善，則大喜；見人爲惡，則大怒忿忿。」（頁374）

卷一一二〈七十二色死尸誡〉：「天知其惡，故使凶神精鬼物待之，入人身中。」（頁570）

卷一一四〈不孝不可久生誡〉：「天遣候神，居其左右，入其身內。」（頁598）又〈病歸天有費訣〉：「天常爲其上，司人是非，使神往來，知人所爲，善惡輒白，何有失者。」（頁619）

卷一一八〈天神考過拘校三合訣〉：「自今以往，天乃興用群神，使行考治人。天上亦三道集行文書以記過，神亦三道集行文書以記過，故人亦三道集行文書以記過。」（頁673）

「天」遣諸神司人功過，並使「身中神」入人身中，考察功過，上報於天。當人有道德爲善時，則天便大喜；而當人爲惡時，天便大怒忿忿。

3. 天為人事法則，是帝王教令的指導者

卷四十四〈案書明刑德法〉：「天乃爲人垂象作法，爲帝王立教令，可儀以治，萬不失一也。」（頁108）又「天法神哉神哉！是故夫古者神人眞人大聖所以能深制法度，爲帝王作規矩者，皆見天文之要，乃獨內明於陰陽之意，乃後隨天地可爲以治，與神明合其心，觀視

其可爲也，故其治萬不失一也。」（頁 108～109）

卷四十八〈三合相通訣〉：「天之爲法，名各各自字各自定，凡天下事皆如此矣。故聖人制法，皆象天之心意也。」（頁 147）

卷六十七〈六罪十治訣〉：「夫天治法，化人爲善。」（頁 253）

卷九十二〈萬二千國始火始氣訣〉：「夫天命帝王治，故覺德君。……夫天命帝王治國之法。」（頁 373）

「天」爲人垂象作法，特別是「帝王」。天爲帝王立教令，並遣使神人、眞人、大聖人爲帝王深制法度、作規矩。帝王只要順天法而行，其治必能合天心而萬不失一。

綜合上述，《太平經》中的「天」，雖有「自然之天」與「人格神之天」的區別，但經中所側重的還是以具有「人格化的最高主宰」性質的「天」爲主。這個具有人格神化的「天」，其性質極類似於「天君」；或者可說，具有「人格化最高主宰」性質的「天」其實就是「天君」的異稱。既然，「天」就是「天君」的異稱。因此，此處的「天」就具有與天君相同的功能：(1)能決定人的生死與壽命長短；(2)能審察人的行爲善惡；(3)爲人事法則，是帝王教令的指導者。

二、《太平經》中的「天人一體」與「天人感應」

既然，從「天」推向「人」的關係是：「天主宰人」。那麼從「人」推向「天」的關係又如何？換句話說，「人」採取什麼態度來面對爲人垂象作法的「天」？答案是：「法天」！

（一）人法天而行

卷四十二〈四行本末訣〉：「然，行守本，法天者，是其始也。」（頁94）

卷四十八〈三合相通訣〉：「天之爲法，名各各自字各自定，凡天下事皆如此矣。故聖人制法，皆象天之心意也。」（頁 147）又「得天意，所上當多善，……故是天洞明照心之鏡也。」（頁 154）

卷五十〈天文記訣〉：「得天心意，故長吉也。逆之則水旱氣乖迕，流災積成，變怪不可止，名爲災異。」（頁 178）

卷一一七〈天咎四人辱道誡〉：「古者聖賢睹天意深，故常象天而爲行，不敢失銖分也，故而常獨與天厚，得天心。」（頁657）又「夫皇天，乃凡事之長，人之父母也，天下聖賢所取象也。」（頁658）又「故帝王象天爲行也，稱無（天）上之君，不敢失天。」（頁661）

〈太平經佚文〉：「天失陰陽則亂其道，地失陰陽則亂其財，人失陰陽則絕其後，君臣失陰陽則道不理，五行四時失陰陽則爲災。今天垂象爲人法，故當承順之也。」（頁733）

1. 在政治上

卷三十五〈興善止惡法〉：「爲政當象天」（頁41）

卷四十〈努力爲善法〉：「其爲人君者樂思太平，得天之心，其功倍也。……其不能平其治者，治不合天心，不得天意，爲無功於天上。」（頁74）又〈樂生得天心法〉：「治莫大於象天也」（頁80）

卷四十八〈三合相通訣〉：「治國之道，樂得天心自安者，但行此效，與天響相應，即天與人談之明券也。」（頁152）又「故古聖賢欲得天心，重慎署置，皆得人心，故能稱天心也。其稱天心云何？行之得應其民，吏日善且信忠，是其效也。……夫帝王迺承天心而治。」（頁153）又「思稱天心，迺無一相欺者也。故君臣民三，并力同心相通，故能相治也。」（頁155）

卷九十八〈爲道敗成戒〉：「夫太平之君治，乃當象天爲法。……是故天之爲象法也，乃尊無上，反卑無下，大無外，反小無內，包養萬二千物，善惡大小皆利祐之，授以元氣而生之，終之不害傷也。故能爲天，最稱神也，最名無（天）上之君也。今上皇氣至，德君治，當象此爲法。」（頁445）

2. 在長生之道上

不僅在政治上帝王當象天，在長生之道上也應法天而行。卷一一七〈天咎四人辱道誡〉：「今學道爲長生，純當象天也。天者好生，故學長生者，純守天第一生之氣，其爲行，當隨天道意也。」（頁661～662）而人的壽命也是與天相應的：卷十八至三十四〈解承負訣〉：「凡人有三壽，應三氣，太陽太陰中和之命也。上壽一百二十，中壽八十，下壽六十。百二十者應天，大歷

一歲竟終天地界也。八十者應陰陽，分別八偶等應地，分別應地，分別萬物，死者去，生者留。六十者應中和氣。」（頁 22～23）既然人的壽命與天相應，人如果想要長壽就必須遵行天（自然）的法則。而人體發生疾病即是與天（自然）不協調的結果：卷十八至三十四〈解承負訣〉：「多頭疾者，天氣不悅也。多足疾者，地氣不悅也。多五內疾者，是五行氣戰也。多病四肢者，四時氣不和也。多病聾盲者，三光失度也。多病寒熱者，陰陽氣忿爭也。……今天地陰陽，內獨盡失其所，故病害萬物。」（頁 23）從人的疾病與防病、治病到人的壽命的延長，都應法天而行。此外，卷一三七至一五三〈太平經鈔〉壬部：「天有四時三部，朝主生，晝主養，暮主施。故東南生，西北施。故人象天爲行，以東南種而生之，西南養而長之，仲秋已往，夏（冬）內居嫁娶而施傳類，此皇天自然教令也。故人民嘿（默）自隨之，理能常象此者，即得天意矣；不能象此，名爲逆天教令，故多傷也。傷少則春物傷，傷丁物則夏物傷，傷老即秋物傷，傷懷妊即冬物傷，此自然之法也。」（頁 713）在《太平經》看來，人效法天而行動，實在是天經地義的自然法則，因此，人的一切行爲都應「象天而行」！

（二）天人一體

在「天」與「人」的關係上，由天推向於人的關係是「天主宰人」；而從「人」推向於「天」的關係是「人法天而行」。那是否說，人在這一天人的雙向關係上完全處於被宰制的狀態？關於這個問題，其實並非如此。人受命於天，行爲應法天而行，這是人被動的一面。另一方面，人又是主動的，人的行爲特別是道德行爲又可感召天，道德主體的爲善去惡，是天對人進行賞罰的依據。因此，人在面對於「天」所發揮的主體性主要是種「道德主體性」（moralsubjectivity）。

> 卷九十三〈陽尊陰卑訣〉：「夫吉凶，本非天也，過也，人自求得之耳。」（頁 389）

> 卷九十八〈神司人守本陰祐訣〉：「凡人舉事有過，皆自身得之也。夫禍變近從胸心中出，不以他所來也。」（頁 440）

> 卷一一二〈貪財色災及胞中誡〉：「施惡廢善，何可久存。皇上所不欲見，急斷其年，人不自知，反怨蒼天，天何時相冤，人自求之。」（頁 564）〈寫書不用徒自苦誡〉：「賊害威劫人命，天命此人，不可

久活。惡惡相及，煩苦神靈，精氣鬼物，各各不得憩息。是非人過
所爲邪？」（頁572）

人的吉凶禍福皆由自己的行爲善惡所決定，無法怨天尤人。「天地之爲法，萬
物興衰反隨人故。凡人所共與事，所貴用其物，悉王生氣；人所休廢，悉衰
而囚。」（卷六十五〈興衰由人訣〉，頁232）因此「是故天下人所興用者，王
自生氣，不必當須四時五行氣也。故天法，凡人興衰，迺萬物興衰，貴賤一
由人。」（頁232）所以「天道萬端，在人可爲」，「患人不爲」，「大人爲之，
其國太平，小人爲之，去禍招福」（卷八十九〈八卦還精念文〉，頁339）。

　　以上這些說法，都強調了人在面對天時的主動性，特別是「道德主體性」
的展現，它使人在天面前獲得主動權，影響人格神的「天」對人所進行的善
惡賞罰。

　　綜合上述，不論是從天推向人（天主宰人），還是由人推向天（人法天而
行），我們都看到了「天人一體」這條思想主線。再加上前述「天人合一世界」
中的「神仙等級」與「人間等級」相互銜接的說法，更是「天人一體」思想
的體現。

　　《太平經》認爲天與人雙方是可以相互取象、相應的：

卷十八至三十四〈守一明法〉：「王者百官萬物相應，眾生同居，五
星察其過失。王者復德，德星往守之。行武，武星往守之。行柔，
柔星往守之。行強，強星往守之。行信，信星往守之。相去遠，應
之近。天人一體，可不慎哉？」（頁16）又〈解承負訣〉：「多頭疾
者，天氣不悅也。多足疾者，地氣不悅也。多五內疾者，是五行氣
戰也。多病四肢者，四時氣不和也。多病聾盲者，三光失度也。多
病寒樂者，陰陽氣忿爭也。」（頁23）

卷三十五〈分別貧富法〉：「人生皆含懷天氣具迺出，頭圓，天也；
足方，地也；四支，四時也；五藏，五行也；耳目口鼻，七政三光
也；此不可勝記，獨聖人知之耳。」（頁36）又「人之數當與天地
相應，不相應力而不及，故得凶害也。」（頁38）

卷四十八〈三合相通訣〉：「凡事相應和者，悉天使之也。……夫天
迺高且遠尊嚴，安可事事自下與人言語乎？故其法皆以自然應和之
也。」（頁155）

卷六十九〈天讖支干相配法〉：「天常讖格法，以南方固爲君也。故日在南方爲君也，火在南方爲君，太陽在南方爲君，四時、盛夏在南方爲君，五祀、灶在南方爲君，五藏、心在南方爲君。君者，法當衣赤，火之行也。是故君有變怪，常與陽相應，非得與他行相應也。陽者日最明，爲眾光之長，故天讖常以日占君盛衰也。」（頁262）又「夫天法，帝王治者常當以道與德，故東方爲道，道者主生；南方爲德，德者主養，故南方主養也。治者，當象天以文化，故東方爲文，龍見負之也。南方爲章，故正爲文章也。章者，大明也，故文生於東，明於南。故天文者，赤也，赤者，火者。仁與君者動上行，日當高明，爲人作法式。故木與火動者，輒上行也，君之象也。故居東，依仁而上，其治者故當處南。」（頁263）又「天之格法，分爲六部。東南上屬於天，故萬物生皆上行，蚑行人民皆出處外也，屬於天。故天爲之色，外蒼象木，內赤象火。」（頁264）又「天地之格讖，西方北方，下屬於地。故萬物至秋冬，悉落下歸土也。人民蚑行至秋冬，悉入穴而居。故地之爲色也，外黃白象土金，內含水而黑，象北行也。」（頁265）又「夫五行者，上頭皆帝王，其次相，其次微氣。王者，帝王之位也。相者，大臣之位。微氣者，小吏之位也。王者之後老氣者，王侯之位也。老氣之後衰氣者，宗室之位也。衰氣之後病氣者，宗室犯事失後之象也。病氣之後囚氣者，百姓萬民之象也。囚氣之後死氣者，奴婢之象也。死氣之後亡氣者，死者丘冢也。故夫天垂象，四時五行周流，各一興一衰，人民萬物皆隨象天之法，亦一興一衰。」（頁274～275）

卷八十六〈來善集三道文書訣〉：「夫九竅乃象九州之分也。今諸眞人自言，俱食氣迊節不通，眩瞑無光明，是九州大小相迫脅，下不得上通其言急事也。」（頁317）

卷九十一〈拘校三古文法〉：「天地病之，故使人亦病之，人無病，即天無病也；人半病之，即天半病之，人悉大小有病，即天悉病之矣。故使人病者，迊樂覺之也；而不覺，故死無數也。」（頁355）

卷一一七〈天咎四人辱道誡〉：「天上之事，實遠難知，故文時時下合於地也。地上善，即天上善也。地上惡，即天上惡也。故人爲善

於地上，天上亦應之爲善；人爲惡於地上，天上亦應之爲惡，乃其氣上通也。……故五行興於下，五星明於上。此者，天所以曉於天下人也。凡三光皆然。天上復與地下三光相通，三光明於下，天上亦然。天上明於上，地上亦然。……故常上下相應，不失銖分也。」（頁664）

卷一一八〈天神考過拘校三合訣〉：「自今以往，天乃興用群神，使行考治人。天上亦三道集行文書以記過，神亦三道集行文書以記過，故人亦三道集行文書以記過。故人取象於天，天取象於人。天地人有其事，象神靈，亦象其事法而爲之。故鬼神精企於人諫亦諫，常與天地人同時。」（頁673）

卷一一九〈三者爲一家陽火數五訣〉：「天上地上異處同謀，鬼神不與人同家，亦且同謀，是天平企且至也。天初氣更始於天上，地初氣更始於地下，人初氣更始於中央。」（頁677）

卷一三七至一五三〈太平經鈔〉壬部：「天有四時三部，朝主生，晝主養，暮主施。故東南生，西北施。故人象天爲行，以東南種而生之，西南養而長之，仲秋已往，夏（冬）內居嫁娶而施傳類，此皇天自然教令也。故人民嘿（默）自隨之，理能常象此者，即得天意矣。」（頁713）

（三）天人感應

除了天人一體外，天與人的關係亦是可以相互感應的：

卷十八至三十四〈名爲神訣書〉：「天之照人，與鏡無異。」（頁18）

卷四十九〈急學眞法〉：「夫有至道明德仁善之心，乃上與天星曆相應，神靈以明其行。故古者聖賢常思爲善無極，力盡乃以不敢有惡念凶路也。」（頁160）

卷五十一〈校文邪正法〉：「治而得應者是也，不者，皆僞行也。欲得應者，須其民臣皆善忠信也。何以言之？然子賢善，則使父母常安，而得其所置；妻善則使夫無過，得其力；臣善則使國家長安；帝王民臣俱善，則使天無災變，正此也。」（頁191）

卷七十三至八十五〈闕題〉：「心意謀事於內，響應於外，欲知其道，

正影響之應也。心以意吉凶之門戶。故者太平之君，其理要但用心意善，即臣善；用意誤，得臣亦誤。心意，天地樞機也，不可妄動也，使和氣錯亂，災害日生矣。」（頁 311）

卷九十一〈拘校三古文法〉：「凡人之行也，考之於心，及眾賢聖心而合，而俱言善是也，其應即合於天心矣；考之於心自疑者，考之於眾賢聖心，下及小人心，而言非者即凶，天竟應之以凶也，是即其明徵也。」（頁 354）

卷九十二〈三光蝕訣〉：「帝王多行道德，日月為之不蝕，星辰不亂其運。」（頁 366）又〈萬二千國始火始氣訣〉：「一國有變，獨一國日不明，名為蝕；比近之國，亦遙睹之，其四遠之國，固不蝕也。斗極凡星不明，獨失其天意者不明，其四遠固不蝕。今是日月運照，萬二千國俱共之，而其明與不明者處異也。有道德之國，其治清白，靜而無邪，故其三光獨大明也，乃下邪陰氣不得上蔽之也。不明者，各在下共欺上，邪氣俱上，蔽其上也。無道之國，其治汙濁，多奸邪自蔽隱，故其三光不明矣。」（頁 368～369）

卷九十六〈守一入室知神戒〉：「夫正善人，心常欲陰祐凡事為憂，故曰致正善人也。邪人有邪心，不欲陰祐陰凡事，則致邪，此乃皇天自然之格法也。」（頁 417）又〈忍辱象天地至誠與神相應大戒〉：「行，人之至誠，有所可念，心中為其疾痛，故乃發心腹不而食也。念之者，心也，意也。心意不忘肝最仁，故目為其主出涕泣，是其精思之至誠也。精明人者，心也。念而不置者，意也，脾也。心者純陽，位屬天。脾者純陰，位屬地。至誠可專念，乃心痛涕出，心使意念主行，告示遠方。意，陰也，陰有憂者當報陽，故上報皇天神靈。脾者，陰家在地，故下入地報地。故天地乃為其移，凡神為其動也。……真人但安坐深幽室閒處，念心思神，神悉自來到，……故求道德凡人行，皆由至誠，乃天地應之，神靈來告之也。如不至誠，不而感動天地、移神靈也。」（頁 426～427）

卷一○八〈瑞議訓訣〉：「夫天地之性，自古到今，善者致善，惡者致惡，正者致正，邪者致邪，此自然之術，無可怪也。故人心端正清靜，至誠感天，無有惡意，瑞應善物為其出。子欲重知其大信，

古者大聖賢皆用心清靜專一，故能致瑞應也。諸邪用心佞偽，皆無善應，此天地之大明徵也。……然邪者致邪，亦是其應也。不調者致不調，和者致和，此天之應明效也。」（頁512～513）

卷一一二〈七十二色死尸誡〉：「日時有應，分在所部。得天應者，天神舉之。得地應者，地神養之。得中和應者，人鬼佑之。得善應善，善自相稱舉，得惡應惡，惡自相從。皆有根本，上下周偏。」（頁567）

卷一一七〈天咎四人辱道誡〉：「天上之事，實遠難知，故文時時下合於地也。地上善，即天上善也。地上惡，即天上惡也。故人為善於地上，天上亦應之為善；人為惡於地上，天上亦應之為惡，乃其氣上通也。……故五行興於下，五星明於上。此者，天所以曉於天下人也。凡三光皆然。天上復與地下三光相通，三光明於下，天上亦然。天上明於上，地上亦然。……故常上下相應，不失銖分也。」（頁664）

卷一五四至一七〇〈太平經鈔〉癸部：「人君為善於內，風雨及時於外，故瑞應反從人胸中來。故有可欲為，皆見瑞應，何有不來者乎？夫至誠乃感皇天，陰陽為之移動，誰往為動者乎？身形不能往動也。動也者，冥乃心中，至誠感天也。」（頁719）又「念者能致正，亦能致邪，皆從志意生矣。使能動天地，和陰陽，合萬物，入能度身，出能成名，賢不肖皆由斯生。故賢者善御，萬不失一也。」（頁719）

〈太平經佚文〉：「四時之精神，猶風也水也，隨人意而為邪正。人正則正，人邪則邪。故須得其人，迺可立事也。不得其人，道難用也。夫水本隨器方圓，方圓無常。風氣亦隨人治，為善惡無常，此即其明戒也。天地之神與風氣，影響隨人，為明戒耳。」（頁737～738）

從上述引文可看出，《太平經》中所謂的「天人感應」思想，包括兩個方面的內容：其一，天是有意志的，是最終的主宰者與審判者。天意並不是隨意而發的，其乃是根據人的意念與行動，而對人作出賞善罰惡。其二，人可以因為「至誠」而感動天，也就是說，人如果心存善念而無惡意，並且清靜專一，就能感動皇天而出現瑞應。

（四）天人感應的媒介——「氣」與「身中神」

天可感應人間之事而出現災異、瑞應。由此，我們不禁要問：天是如何得知的？換言之，天是如何感應到的？關於這個問題《太平經》中的說法是：

卷十八至三十四〈行道有優劣法〉：「春王當溫，夏王當暑，秋王當涼，冬王當寒，是王德也。夫王氣與帝王氣相通，相氣與宰輔相通，微氣與小吏相通，休氣與後宮相同，廢氣與民相通，刑死囚氣與獄罪人相通，以類遙相感動。」（頁 17）

卷五十〈去邪文飛明古訣〉：「同氣者以類相明，求其類而聚之。」（頁 169）又「以何審知其相應乎哉？相應者，乃當內究於心，外應於神祇，遠近相動，以占事覆下，則應者是也。」（頁 169）又〈天文記訣〉：「天地有常法，不失銖分也。遠近悉以同象，氣類相應，萬不失一。」（頁 177）

卷六十九〈天讖支干相配法〉：「天之法，以類遙相應。」（頁 269）

卷七十〈學者得失訣〉：「夫物類相聚興也，其法皆以比類象相召也。」（頁 279）

卷八十六〈來善集三道文書訣〉：「天下之事，各從其類也。」（頁 328）

卷一一五至一一六〈某訣〉：「天地爲法，王相之氣主太平也，囚廢絕氣主凶年。王相之氣多所生，多善事。故太平之歲，凡物具生，多善物，是明證也，天地之大效也。天地之喜善效，乃及見於人民萬物，以是爲大效證驗也。故古者聖賢以是深自占相，自知行之得失也，明以同類同事同氣占相之也。得同氣類之象，則改性易行，不敢爲非也。天地之語言，以此爲效，不與人交頭言也。視象類所得，可自知矣。夫囚廢死絕氣少所生，無成善事。是故凶年之歲，少可生，無善應，無善物，是其同事同氣也。是故將太平者，得具作樂，樂者乃順樂王氣，平氣至也。」（頁 637～638）

卷一二〇至一三六〈太平經鈔〉辛部：「天上諸神言，好行道者，天地道氣出助之；好行德者，德氣助之；行仁者，天與仁氣助之；行義者，天與義氣助之；行禮者，天與禮氣助之；行文者，天與文氣

助之；行辯者，亦辯氣助之；行法律者，亦法律氣助之。天地各以
類行神靈也。天將助之，神靈趨之，深思其要意，則太平氣立可致
矣。」（頁 690〜691）又「太平氣至，陽氣大興，天道嚴，神道明。
明則天則且使人俱興用之，神道用，則以降消鬼物之道也。神道興，
與君子同行。鬼物道者，與小人同行。故君子理以公正，神亦理公
正。小人理邪僞，鬼物亦理邪僞，明於同氣類也。」（頁 696）

由於「天人一體」的關係，天與人同屬一類，所以天與人之間可以彼此「以
類遙相應」、「比類象相召」。而「遙相感應」的完成就是透過「氣」的作用與
「身中神」的傳達，換言之，「氣」與「身中神」就是天與人相互感應的媒介。

1. 天人感應的媒介——「氣」

在《太平經》中，「氣」可以說是一個普遍的概念，事物有什麼樣的性質，
就有什麼樣性質的「氣」。氣除了有「陰」、「陽」之別外，尚有：「正」與「邪」、
「刑」與「德」、「吉」與「凶」之分，如：「晝則陽氣爲暖，夜則陰氣爲潤。」
（卷三十六〈三急吉凶法〉，頁 47）「邪氣止休，正氣遂行」（卷一一八〈禁燒
山林訣〉，頁 668）、「置其德氣陽氣，乃萬物得遂生；如中有凶氣輒傷」（卷
一一九〈三者爲一家陽火數五訣〉，頁 676〜677）、「不欲見刑惡凶氣，俱欲得見
樂氣」（同上，頁 677）；此外，「氣」尚有春、夏、秋、冬之別及木、火、土、
金、水之異，即是有所謂「四時五行之氣」，如：「有木行，有春氣。……有
火行，有夏氣。……有土行，有四季中央之氣。……有金行，有秋氣。有水
行，有冬氣。」（卷一一九〈道祐三人訣〉，頁 683）「金氣斷，則木氣得王，
火氣大明，無有衰時也。……火不明則土氣日興，……金囚則水氣休。」（卷
六十五〈斷金兵法〉，頁 225〜226）再者，「氣」亦有帝、王、相、侯、微之
等級，如：「常先動其帝氣，其次動相氣，其次動侯氣，其次動微氣。」（卷
一一五至一一六〈某訣〉，頁 630〜631）「氣」除了以上的性質外，還具有人
格神的性質而可致太平，如：「元氣自然樂，則共生天地，悅則陰陽和合，風
雨調。……元氣自然不樂分爭，不能合身和德，而共生天地也。……天氣不
調……反致凶，故刑氣日興，樂者絕亡。」（卷一一五至一一六〈闕題〉，頁
647〜649）「中和氣得，萬物滋生，人民和調，王治太平。」（卷十八至三十
四〈和三氣興帝王法〉，頁 20）「今行太平氣至，陽德君治，當得長久。」（卷
七十二〈不用大言無效訣〉，頁 298）「太平氣至，萬物皆理矣。」（卷一三七
至一五三〈太平經鈔〉壬部，頁 714）

上述對於「氣」性質的說法，就是說明：一切事物之所以有不同的屬性，都是「氣」存在的不同狀態所表現的。每種氣有每種氣的作用，如：「王相之氣主太平也，囚廢之氣主凶年。」（卷一一五至一一六〈某訣〉，頁 637～638）所以《太平經》對「氣」所下的定義是：「夫氣者，所以通天地萬物之命也。」（卷八十六〈來善集三道文書訣〉，頁 317）

既然「氣」在《太平經》中有「通天地萬物之命」的功用，那麼我們試著來看「氣」在「天人感應」中所扮演的角色：

卷五十〈去邪文飛明古訣〉：「同氣者以類相明，求其類而聚之。」（頁 169）又〈天文記訣〉：「天地有常法，不失銖分也。遠近悉以同象，氣類相應，萬不失一。」（頁 177）

卷六十六〈三五優劣訣〉：「古者以此占治，以知德厚薄，視其氣與何者相應，以此深知治之得失衰盛，明於日月也。」（頁 238）

卷八十六〈來善集三道文書訣〉：「夫九竅乃象九州之分也。今諸真人自言，俱食氣迺節不通，眩瞑無光明，是九州大小相迫脅，下不得上通其言急事也。夫氣者，所以通天地萬物之命也；天地者，乃以氣風化萬物之命也；而氣節不通者，是天道閉，不得通達之明效也。」（頁 317）

卷一一五至一一六〈某訣〉：「合其氣，與帝王用事。同喜同心，同指同方，同運同樞，同根同意。故古者聖人陳法使帝王，春東方，夏南方，秋西方，冬北方者，主與此天氣共事也，氣同故相迎也。是主所謂謹順天之道，與天同氣。」（頁 630）又「天地為法，王相之氣主太平也，囚廢絕氣主凶年。王相之氣多所生，多善事。故太平之歲，凡物具生，多善物，是明證也，天地之大效也。天地之喜善效，乃及見於人民萬物，以是為大效證驗也。故古者聖賢以是深自占相，自知行之得失也，明以同類同事同氣占相之也。得同氣類之象，則改性易行，不敢為非也。天地之語言，以此為效，不與人交頭言也。視象類所得，可自知矣。夫囚廢死絕氣少所生，無成善事。是故凶年之歲，少可生，無善應，無善物，是其同事同氣也。」（頁 637～638）

卷一一七〈天咎四人辱道誡〉：「天上之事，實遠難知，故文時時下

合於地也。地上善，即天上善也。地上惡，即天上惡也。故人為善於地上，天上亦應之為善；人為惡於地上，天上亦應之為惡，乃其氣上通也。五氣相連上下同……，無有遠近皆相通。其下善，其上明；其下惡，其上凶。故五行興於下，五星明於上。此者，天所以曉於天下人也。」（頁664）

卷一一八〈天神考過拘校三合訣〉：「自今以往，天乃興用群神，使行考治人。天上亦三道集行文書以記過，神亦三道集行文書以記過，故人亦三道集行文書以記過。故人取象於天，天取象於人。天地人有其事，象神靈，亦象其事法而為之。故鬼神精企於人諫亦諫，常與天地人同時。是故神應天氣而作，精物應地氣而起，鬼應人治而鬥。此三者，天地中和之疾使，隨神氣而動作，應時而往來，絕洞而無間，往來難知處。」（頁673）

卷一一九〈三者為一家陽火數五訣〉：「天上地上異處同謀，鬼神不與人同家，亦且同謀，是天平企且至也。天初氣更始於天上，地初氣更始於地下，人初氣更始於中央。此三氣方俱始生，不欲見刑惡凶氣，俱欲得見樂氣。」（頁677）

卷一二○至一三六〈太平經鈔〉辛部：「天上諸神言，好行道者，天地道氣出助之；好行德者，德氣助之；行仁者，天與仁氣助之；行義者，天與義氣助之；行禮者，天與禮氣助之；行文者，天與文氣助之；行辯者，亦辯氣助之；行法律者，亦法律氣助之。天地各以類行神靈也。天將助之，神靈趨之，深思其要意，則太平氣立可致矣。」（頁690～691）又「天，太陽也。地，太陰也。人居中央，萬物亦然。天者常下施，其氣下流也。地者常上求，其氣上合也。兩氣交於中央。人者，居其中為正也。兩氣者常交用事，合於中央，乃共生萬物。萬物悉受此二氣以成形，合為情性；無此二氣，不能生成也。故萬物命繫此二氣，二氣交相於形中。故為善，天地知之；為惡，天地亦知之。故古者上善德之人，乃內獨知天意，故常方為善也。」（頁694）又「太平氣至，陽氣大興，天道嚴，神道明。明則天則且使人俱興用之，神道用，則以降消鬼物之道也。神道興，與君子同行。鬼物道者，與小人同行。故君子理以公正，神亦理公

正。小人理邪僞，鬼物亦理邪僞，明於同氣類也。」（頁 696）

卷一三七至一五三〈太平經鈔〉壬部：「天理乃以氣爲語言，見於四時。春角氣不知，肝脈不動，角蔟不和，清音不應，此即天不悅不語言也。古者聖王見此，即思惟得失之理以反之。然王氣所居，乃得仁助其理也。此二氣共生成於此也。乃反休廢凶氣至，來助其理，此乃三氣。小人之氣反見於是，無統天位，故象小人。天見照，見其類，令賢聖策之而思之，當索幽隱道人德人仁人以反復其氣，立相應矣。」（頁 714）

〈太平經佚文〉：「四時之精神，猶風也水也，隨人意而爲邪正。人正則正，人邪則邪。故須得其人，迺可立事也。不得其人，道難用也。夫水本隨器方圓，方圓無常。風氣亦隨人治，爲善惡無常，此即其明戒也。天地之神與風氣，影響隨人，爲明戒耳。」（頁 737～738）

由於事物無論遠近，只要是相同性質的「氣類」都可以有感應的關係存在（氣類相應）。因此，天與人由於彼此相互取象（天人一體），故屬同類關係；在同類關係的前提下，天與人之間以「氣」作爲相互感應的媒介。換言之，「氣」在天人感應的過程中扮演中介、傳達的角色。

2. 天人感應的媒介──「身中神」

天與人之間的感應，除了「氣」這個媒介外，尚有「身中神」。《太平經》中除了認爲天地之間存在著無數的神靈外，在人身中亦有神靈居住。如：

卷十八至三十四〈錄身正神法〉：「爲善亦神自知之，惡亦神自知之。非爲他神，乃身中神也。夫言語自從心腹中出，傍人反得知之，是身中神告也。」（頁 12）

卷四十五〈起土出書訣〉：「天地精神居子腹中，敬子趣言，子固不自知也。凡人所欲爲，皆天使之。」（頁 117）

卷一一〇〈大功益年書出歲月戒〉：「善惡輒有傍神復得心」（頁 528）

卷一一一〈大聖上章訣〉：「心神在人腹中，與天遙相見，音聲相聞，安得不知人民善惡乎？」（頁 545）

卷一一二〈貪財色災及胞中誡〉：「三命之神，近在心間。」（頁 565）

又〈七十二色死尸誡〉:「五神在內,知之短長,不可輕犯,輒有文章。小有過失,上白明堂,形神拘繫,考問所為,重者不失,輕者減年。」(頁569)

卷一二〇至一三六〈太平經鈔〉辛部:「凡人腹中,各有天子,五氣各有王者。天有五氣,地有五位。其一氣主行,為王者,主職正凡事,居人腹中,自名為心。心則五臟之王,神之本根,一身之至也。」(頁687)

並且認為人心和天上的太陽都同屬火,所以能相互照明,人心因此能與天及神靈相通。如:卷九十六〈忍辱象天地至誠與神相應大戒〉:「心者,最藏之神尊者也。心者,神聖純陽,火之行也。火者,動而上行,與天同光。故日者,乃火之王,為天之正,無不照明。」(頁426)又「心神至聖,乃上白於日,日乃上白於天。故至誠於五內者,動神靈也。」(頁426)

(1)身中神如何產生

身中神居人身中,那人體內是怎麼樣生神的?關於這個問題,《太平經》的解釋是:「天地自有神寶,悉自有神精光,隨五行為色,隨四時之氣興衰,為天地使,以成人民萬物。」(卷七十二〈齋戒思神救死訣〉,頁292)這種四時、五行之氣「入人腹中,為人五藏精神」,即人的「五臟神」。「五臟神」與體外五行四時相類,其色與天地四時色相應,是能夠出入往來於天地與人體的,即:「四時五行精神,入為人五藏,出為四時五行精神。其近人者,名為五德之神,與人藏神相似;其遠人者,名為陽歷,字為四時兵馬。」(頁292)也就是說,人體內之所以能生神,原因在於「四時、五行精神」來入人腹中。換言之,「身中神」的產生是由天地間的神靈入人身中居住所產生的。而天地間的神靈為何要入人身中?原因是:「天遣候神,居其左右,入人身內。」(卷一一四〈不孝不可久生誡〉,頁598)

(2)身中神的性質

《太平經》中的「身中神」是天地間之「精神」,由於此精神可以自由出入人體中,便給予這些天地間之「精神」以「人格神」的特徵。而「身中神」便有以下的特質:

其一,天地間精神有善惡、吉凶,因此存在於人身中之精神亦有善惡、吉凶;而當此精神進入人身之後,則由其性質決定人的行為思慮。

卷十八至三十四〈名爲神訣書〉:「一身之中,能爲賢,能爲神,能爲不肖。」（頁 18）

卷四十五〈起土出書訣〉:「天地精神居子腹中,敬子趣言,子固不自知也。凡人所欲爲,皆天使之。」（頁 117）

卷一三七至一五三〈太平經鈔〉壬部:「天地之性,精氣鬼神行治人學人教人。神者居人心陰,精者居人腎陰,鬼者居人肝陰。於人念正善,因教人爲善;常居人藏陰,趨人爲惡,教人爲惡。」（頁 706）

其二,人行爲的性質,將使相應性質的精神進入人身中。

卷九十六〈忍辱象天地至誠與神相應大戒〉:「至誠可專念,乃心痛涕出,心使意念主行,告示遠方。意,陰也,陰有憂者當報陽,故上報皇天神靈。脾者,陰家在地,故下入地報地。故天地乃爲其移,凡神爲其動也。……眞人但安坐深幽室閒處,念心思神,神悉自來到」（頁 427）

卷一一二〈七十二色死尸誡〉:「天知其惡,故使凶神精鬼物待之,入人身中,外流四肢頭面腹背胸脅七政,上白明堂。」（頁 570）

卷一二〇至一三六〈太平經鈔〉辛部:「夫安危起於人腹中,神靈見於遠方,上下旁行,洞達億萬里,可不愼乎?」（頁 697）又「常思善,精神集來隨人也;思惡,精神亦來集人也。乃入人腹中,隨趨人所思。」（頁 699）

卷一三七至一五三〈太平經鈔〉壬部:「天地之性,精氣鬼神行治人學人教人。神者居人心陰,精者居人腎陰,鬼者居人肝陰。於人念正善,因教人爲善;常居人藏陰,趨人爲惡,教人爲惡,亦趨人爲惡。古者賢人聖人腹中,常陰念爲善,故得善應。凡人腹中常陰念惡,故得惡應,不能自禁。各在常陰念善惡,鬼神因而趨善惡,安鬼於此可驗矣。」（頁 706）又「念而不休,精神自來,莫不相應。」（頁 716）

卷一五四至一七〇〈太平經鈔〉癸部:「念者能致正,亦能致邪,皆從志意生矣。使能動天地,和陰陽,合萬物,入能度身,出能成名,賢不肖皆由斯生。故賢者善御,萬不失一也。」（頁 719）

（3）身中神的種類

在具有人格神性質的「身中神」中，比較具有代表性的是「司命神」與「五臟神」兩類：

第一，司命神

> 卷一一二〈寫書不用徒自苦誡〉：「司命，近在胸心，不離人遠人，爲精神舍宅。」（頁 572）又「神在中守，司人善惡。何須遠慮，七政司候神門戶。」（頁 577）

> 卷一一四〈見誡不觸惡訣〉：「司命，近在胸心，不離人遠，司人是非，有過輒退，何有失時，輒減人年命。」（頁 600）

> 〈太平經佚文〉：「守一之法，常有六司命神，共議人過失。」（頁 742）

司命神根據人的行爲善惡，對人的壽命作出裁決，即所謂：「司人是非，有過輒退，何有失時，輒減人年命。」（頁 600）假如此人「積過累之甚多，乃下主者之曹，收取其人魂神，考問所爲，不與天文相應，復爲欺，欺後首過，罪不可貸。」（頁 600）假如此人「得戒止惡」（頁 572），則「神不上白」（頁 572），也就是不再向天君上報你的過失。總而言之：「罰惡賞善人所知，何不自改。天報有功，不與無德。思之思之，賞罰可知。自可死獨苦極，善惡之壽當消息，詳之慎之，可無見咎。」（頁 573）

第二，五臟神

> 卷十八至三十四〈懸象還神法〉：「夫神生於內，春，青童子十。夏，赤童子十。秋，白童子十。冬，黑童子十。四季，黃童子十二。此男子藏神也，女神亦如此數。」（頁 22）又〈闕題〉「故肝神去，出遊不時還，目無明也；心神去不在，其唇青白也；肺神去不在，其鼻不通也；腎神去不在，其耳聾也；脾神去不在，令人口不知甘也；頭神去不在，令人眴冥也；腹神去不在，令人腹中央甚不調，無所能化也；四肢神去，令人不能自移也。」（頁 27）

> 卷七十二〈齋戒思神救死訣〉：「天地自有神寶，悉自有神精光，隨五行爲色，隨四時之氣興衰，爲天地使，以成人民萬物。」（頁 292）又「四時五行之氣來入人腹中，爲人五藏精神，其色與天地四時色相應也。」（頁 292）又「四時五行精神，入爲人五藏，出爲四時五

行精神。其近人者，名為五德之神，與人藏神相似；其遠人者，名
為陽歷，字為四時兵馬，可以拱邪，亦隨四時氣衰盛而行。」（頁
292）

卷九十六〈忍辱象天地至誠與神相應大戒〉：「行，人之至誠，有所
可念，心中為其疾痛，故乃發心腹不而食也。念之者，心也，意也。
心意不忘肝最仁，故目為其主出涕泣，是其精思之至誠也。精明人
者，心也。念而不置者，意也，脾也。心者純陽，位屬天。脾者純
陰，位屬地。至誠可專念，乃心痛涕出，心使意念主行，告示遠方。
意，陰也，陰有憂者當報陽，故上報皇天神靈。脾者，陰家在地，
故下入地報地。故天地乃為其移，凡神為其動也。……真人但安坐
深幽室閑處，念心思神，神悉自來到。」（頁 426～427）

卷一一二〈七十二色死尸誡〉：「五神在內，知之短長，不可輕犯，
輒有文章。小有過失，上白明堂，形神拘繫，考問所為，重者不失，
輕者減年。」（頁 569）

卷一二○至一三六〈太平經鈔〉辛部：「凡人腹中，各有天子，五氣
各有王者。天有五氣，地有五位。其一氣主行，為王者，主職正凡
事，居人腹中，自名為心。心則五臟之王，神之本根，一身之至也。」
（頁 687）

卷一五四至一七○〈盛身卻災法〉：「年十歲，二十年神。年二十，
四十年神。年三十，六十年神。年四十，八十年神。年五十，百年
神。年六十，百二十年神。年七十，百（四十）年神。年八十至百
二十，神盡矣。少年神加，年摔即神減，謂五藏精神也，中內之候
也。……其神真在內，使人常喜，欣欣然不欲貪財寶，辯訟爭，競
功名，久久自能見神。神長二尺五寸，隨五行五藏服飾。」（頁
722）

「五臟神」是由「四時、五行精神」來入人腹中所產生的。即：「肝神」、「心
神」、「脾神」、「肺神」、「腎神」。其與四時（春、夏、秋、冬）、五行（木、
火、土、金、水）、五色（青、赤、黃、白、黑）、五方（東、南、西、北、
中）是相類、相應的。茲列表如下：

五臟神	肝　神	心　神	脾　神	肺　神	腎　神
五　行	木	火	土	金	水
五　色	青	赤	黃	白	黑
五　方	東	南	中	西	北
四　時	春	夏	四季	秋	冬

① 五臟神的性質

《太平經》中的「五臟神」有著明顯的人格神特徵：

其一，五臟神有人的形象：「神長二尺五寸，隨五行五藏服飾。」（卷一五四至一七○〈盛身卻災法〉，頁 722）而五臟神的形象是：「東方之騎神持矛，南方之騎神持戟，西方之騎神持弓弩斧，北方之騎神持鑲楯刀，中央之騎神持劍鼓。」（卷七十二〈齋戒思神救死訣〉，頁 293）

其二，五臟神亦司人之過：「心神至聖，乃上白於日，日乃上白於天。」（頁 426）「心神在人腹中，與天遙相見，音聲相聞，安得不知人民善惡乎？」（卷一一一〈大聖上章訣〉，頁 545）〈七十二色死尸誡〉：「五神在內，知之短長，不可輕犯，輒有文章。小有過失，上白明堂，形神拘繫，考問所爲，重者不失，輕者減年。」（卷一一二〈貪財色災及胞中誡〉，頁 569）從這個特徵來看，五臟神也是司過神的一種。

其三，五臟神可以遊離人身外：「人神乃生內，返遊於外，遊不以時，還爲身害。」（卷十八至三十四〈以樂卻災法〉，頁 14）「故肝神去，出遊不時還，目無明也；心神去不在，其脣青白也；肺神去不在，其鼻不通也；腎神去不在，其耳聾也；脾神去不在，令人口不知甘也；頭神去不在，令人眴冥也；腹神去不在，令人腹中央甚不調，無所能化也；四肢神去，令人不能自移也。」（卷十八至三十四〈闕題〉，頁 27）「故人生百二十上壽，八十中壽，六十下壽，過此皆夭折。此蓋神游於外，病攻其內也。」（卷一五四至一七○〈盛身卻災法〉，頁 723）五臟神若遊離出人的身體，就會導致相應的器官失去生理功能而生病。

② 思五臟神之法

既然，五臟神出遊不返人身體時，將會導致相應的器官失去生理功能而生病。因此，《太平經》中特地提出使五臟神返還人身中之「思五臟神」的方法：

十八至三十四〈以樂卻災法〉：「人神乃生內，返遊於外，遊不以時，還爲身害，即能追之以還，自治不敗也。追之如何，使空室內傍無人，畫象隨其藏色，與四時氣相應，懸之窗光之中而思之。上有藏象，下有十鄉，臥即念以近懸象，思之不止，五藏神能報二十四時氣，五行神且來救助之，萬疾皆愈。男思男，女思女，皆以一尺爲法，隨四時轉移。春，青童子十。夏，赤童子十。秋，白童子十。冬，黑童子十。四季，黃童子十二。」（頁 14）又〈懸象還神法〉：「夫神生於內，春，青童子十。夏，赤童子十。秋，白童子十。冬，黑童子十。四季，黃童子十二。此男子藏神也，女神亦如此數。男思男，女思女，皆以一尺爲法。畫使好，令人愛之。不能樂禁，即魂神速還。」（頁 22）又〈闕題〉「故肝神去，出遊不時還，目無明也；心神去不在，其唇青白也；肺神去不在，其鼻不通也；腎神去不在，其耳聾也；脾神去不在，令人口不知甘也；頭神去不在，令人眴冥也；腹神去不在，令人腹中央甚不調，無所能化也；四肢神去，令人不能自移也。夫神精，其性常居空閑之處，不居污濁之處也；欲思還神，皆當齋戒，懸象香室中，百病消亡；不齋不戒，精神不肯還反人也。皆上天共訴人也。所以人病積多，死者不絕。」（頁 27～28）

卷七十二〈齋戒思神救死訣〉：「先齋戒居閒善靖處，思之念之，作其人畫像，長短自在。五人者，共居五尺素上爲之。使其好善，男思男，女思女，其畫像如此矣。」（頁 292）又「其先畫像於一面者，長二丈，五素上疏畫五五二十五騎，善爲之。東方之騎神持矛，南方之騎神持戟，西方之騎神持弓弩斧，北方之騎神持鑲楯刀，中央之騎神持劍鼓。思之當先睹是內神已，當睹是外神也，或先見陽神而後見內神，睹之爲右此者，無形象之法也。」（頁 293）

卷一五四至一七○〈分別形容邪自消清身行法〉：「道之生人，本皆精氣也，皆有神也。假相名爲人，愚人不知還全其神氣，故失道也。能還反其神氣，即終天年，或增倍者，皆高才。或求度厄，其爲之法，當作齋室，堅其門戶，無人妄得入；日往自試，不精不安復出，勿強爲之。如此復往，漸精熟即安。安不復欲出，口不欲語，視食

飲，不欲聞人聲。關鍊積善，瞑目還觀形容，容象若居鏡中，若闚
清水之影也，已爲小成。無鞭策而嚴，無兵杖而威，萬事自治。豈
不神哉？謂入神之路也。」（頁 723～724）

「思五臟神」時，一定要先想像五臟神的容貌，人身中之神是有形象的，在
思神時要把這些神像描繪出並掛起來。而男女應存思的神像與尺寸是有規定
的「男思男，女思女，皆以一尺爲法」。因此，此種思神法稱爲「懸像還神法」。
在懸像同時，修行者（或求醫者）還要先履行齋戒、沐浴與焚香等手續。在
進行「思神」的過程中，神可能不會立刻出現，因此應該抱持著「循序漸進」、
「持之以恆」的態度，切不可操之過急。

　　綜合上述，《太平經》中關於人之「身中神」的思想可以概括爲三點：其
一，「身中神」乃是天地間之「精神」進入人身中居住所產生的。其二，「身
中神」是有形象、思慮、行爲、情感的人格神。祂的主要功能是「司人之功
過」。其三，「身中神」能影響人的思慮及行爲，而人的思慮與行爲亦能感應
天地間具有相應特質的神靈（精神）進入人身中。

　　由於「身中神」具有這些特質，因此在「天人感應」中所扮演的角色是：
「以何審知其相應乎哉？相應者，乃當內究於心，外應於神祇，遠近相動，
以占事覆下，則應者是也。」（卷五十〈去邪文飛明古訣〉，頁 169）也就是
說，神在天上，神亦存在於人體中；人的行爲善惡，「天」之所以得知，乃因
「身中神」上報於天的原因。換言之，因爲「念心思神，神悉自來到」（卷九
十六〈忍辱象天地至誠與神相應大戒〉，頁 427）與「專心善惡，乃與神交結」
（卷九十八〈神司人守本陰祐訣〉，頁 440），人體內之「身中神」與天地間的
神靈是相類相通的；所以在「心神合一」的前提下，人與天形成「感應」的
關係。

　　在「天」即天君的前提下，經由「天人一體」與「天人感應」的思想，
並透過「氣」與「身中神」的感應媒介，《太平經》初步建立「天」與「人」
之間的感應關係。〔註4〕

〔註4〕王平先生在《太平經研究》一書中，對「天人感應」這個命題，從論述「天
　　　　人感應」的歷史，進而論及董仲舒與「緯書」中的天人感應思想，再轉而對
　　　　周桂鈿（《董學探微》）與金春峰（《漢代思想史》）兩位先生著作中對「天人
　　　　感應」的看法進行批判，最後王平先生提出自己對「天人感應」的說法（以
　　　　上說法見於：王平，《太平經研究》，台北：文津出版社，1995 年 10 月，頁
　　　　122～134）。上述說法，從其論述方向，可知是對《太平經》中「天人感應」

（五）災異與瑞應

既然天與人彼此可相互感應，而天又為人之主宰，人應法天而行。因此，「天」對「人」所作出的「感應」動作是：天出現「災異」與「瑞應」。

1. 災異、瑞應產生的原因

天地出現災異、瑞應，並非自然的現象；而是「天」感應人的行為所作出的反應：

> 十八至三十四〈名為神訣書〉：「眾中多瑞應者，信人也。無瑞應者，行誤人也。」（頁18）又〈解承負訣〉：「帝王其治不和，水旱無常，盜賊數起，反更急其刑罰，或增之重益紛紛，連結不解，民皆上呼天，縣官治乖亂，失節失常，萬物失傷，上感動蒼天，三光勃亂多變，列星亂行。」（頁23）

> 卷五十〈去浮華訣〉：「凡事之頭首，神靈之本也，故得其本意者，神靈不復戰怒而行害人也；額惡氣閉藏，盜則斷絕；盜賊止，則夷狄卻降，風雨為其時節，是天悅喜之明效也。喜則愛其子。是故帝王延命也，澤流其人民，則及其六畜禽獸，究達草木，和氣俱見，則邪惡氣消亡，則正氣更明，是陰陽自然之術法。」（頁176）

> 卷五十三〈分別四治法〉：「天以安平為懽，無疾病，以上平為喜，故使人民皆靜而無惡聲，不戰鬥也。各居其所，則無病而說喜，則天言而不妄語也。若今使陰陽逆鬥，錯亂相干，更相賊傷，萬物不得處其所，日月無善明，列星亂行，則天有疾病，悒悒不解，不傳其言，則病不愈。故亂則談，小亂小談，大亂大談。是故古今神眞聖人為天使，受天心，主當為天地談話。」（頁200）

> 卷五十四〈使能無爭訟法〉：「天地之間，常悉使非其能，強作其所不及，而難其所不能，時睹於其不能為，不能言，不憐而教之，反就責之，使其冤結，多忿爭訟，民愁苦困窮。即仰而呼皇天，誠冤誠冤，氣感動六方。故致災變紛紛，畜積非一，不可卒除，為害甚

說法的外圍論述。王平先生並未針對《太平經》中的「天人感應」思想進行論述，僅在《太平經》中「天人感應」思想的外圍打轉，並未針對題目而作出解答。如此隔靴搔癢，不知是刻意忽略，或是「意識形態」（ideology）限制的結果！

甚，是即失天下之人心意矣，終反無成功，變怪不絕，太平之氣，何從得來哉，故不能致太平也，咎正在此。」（頁202～203）又「自古者諸侯太平之君，無有奇神道也，皆因任心能所及，故能致其太平之氣，而無冤結民也。禍亂之將起，皆坐任非其能，作非其事職而重責之，其刑罰雖坐之而死，猶不能理其職務也。災變連起，不可禁止，因以爲亂敗，吉凶安危，正起於此。」（頁204）

卷六十九〈天讖支干相配法〉：「天常讖格法，以南方固爲君也。故日在南方爲君也，火在南方爲君，太陽在南方爲君，四時、盛夏在南方爲君，五祀、灶在南方爲君，五藏、心在南方爲君。君者，法當衣赤，火之行也。是故君有變怪，常與陽相應，非得與他行相應也。陽者日最明，爲眾光之長，故天讖常以日占君盛衰也。」（頁262）

卷七十三至八十五〈闕題〉：「帝王行道德興盛，日大明，少道德少明；皇后行道德，月大光明，少道德少光明；眾賢行道德，星曆大耀，少道德少耀。四根俱行道德，天下安寧，瑞應出，大光遠。遙睹觀天象，風雨時善，夷狄歸心，災害自消。」（頁303）

卷八十六〈來善集三道文書訣〉：「今太上中古以來，多失道德，反多以威武相治，咸相迫脅，有不聽者，後會大得其害，爲傷甚深，流子孫。故人民雖見天災怪咎，駭畏其比近所屬，而不敢妄言，爲是獨積久，更相承負。到下古尤益劇，小有欲上書言事，自達於帝王者，比近持其命者輒殺之；不即時害傷，後會更相屬託而傷害之。故民臣悉結舌杜口爲喑，雖見愁冤，睹惡不敢上通。故今帝王聰明絕也，而天變日多，是明證效也。」（頁314～315）又「天獨久病苦冤，辭語不得通，雖爲帝王作萬萬怪變以爲談，下會閉絕，不得上達，獨悒悒積久。」（頁316）又「凡天下災異，皆隨治而起。」（頁320）又「人得生於天，長於地，天地愁苦有病，故作怪變以報其子，……愚民反共斷絕天辭，天地大怒之。」（頁321）

卷九十二〈三光蝕訣〉：「請問天之三光，何故時蝕邪？」「善哉！子之所問。是天地之大怒，天地戰鬥不和，其驗見效於日月星辰。」（頁365）又〈萬二千國始火始氣訣〉：「今是日月運照，萬二千國

俱共之，而其明與不明者處異也。有道德之國，其治清白，靜而無邪，故其三光獨大明也，乃下邪陰氣不得上蔽之也。不明者，咎在下共欺上，邪氣俱上，蔽其上也。無道之國，其治汙濁，多奸邪自蔽隱，故其三光不明矣。」（頁369）又「故天地睹人有道德爲善，則大喜；見人爲惡，則大怒忿忿。」（頁374）

卷九十三〈效言不效行致災訣〉：「太上中古以來，人多效言，乃不效行，故致災害疾病畜積，而不可除去，以是自窮也。」（頁401）

卷一〇八〈瑞議訓訣〉：「瑞者，清也，靜也，端也，正也，專也，一也。心與天地同，不犯時令也。夫天地之性，自古到今，善者致善，惡者致惡，正者致正，邪者致邪，此自然之術，無可怪也。故人心端正清靜，至誠感天，無有惡意，瑞應善物爲其出。子欲重知其大信，古者大聖賢皆用心清靜專一，故能致瑞應也。諸邪用心佞僞，皆無善應，此天地之大明徵也。……然邪者致邪，亦是其應也。不調者致不調，和者致和，此天之應明效也。」（頁512～513）

卷一三七至一五三〈太平經鈔〉壬部：「夫皇天所怒而不悅，故有戰鬥，水旱災害不絕。」（頁712）

卷一五四至一七〇〈神人眞人聖人賢人自占可行是與非法〉：「夫瑞應反從胸中來，隨念往來，須臾之間，周流天下。心中所欲，感動皇天，陰陽爲移，言語至誠感天，正此也。」「人君爲善於內，風雨及時於外，故瑞應反從人胸中來。故有可欲爲，皆見瑞應，何有不來者乎？夫至誠乃感皇天，陰陽爲之移動，誰往爲動者乎？」「身形不能往動也。動也者，冥乃心中，至誠感天也。」（頁719）

因爲天不言、地不語，所以當天喜悅時便以「瑞應」爲語言、當天不悅而怒時便以「災異」爲語言，以此示現帝王、凡民。而天地出現災異的原因乃是：帝王「任非其職、其能而重刑之」，「失道德反以威武相治、迫脅凡民」，「人臣共欺上而諸邪人用心佞僞」，「縣官治乖亂，失節無常」，簡言之，即「帝王其治不合」。因而凡民心有冤結而上呼天，天感應人臣、凡民之冤便以「災異」示現帝王、凡民。而當帝王、凡民「行道德、用心端正清靜」，便能以「至誠」感動上天而出現「瑞應」。

2.災異、瑞應的種類

天以「災異」、「瑞應」傳達帝王、凡民的行爲得失，但因：「夫天迺高且遠尊嚴，安可事事自下與人言語乎？故其法皆以自然應和之也。」（卷四十八〈三合相通訣〉，頁 155）因此天便以自然界的事物爲工具、媒介，藉以傳達天之意旨。換言之，表現天意的「災異」與「瑞應」是有許多種類的，茲引原文如下：

> 卷四十三〈大小諫正法〉：「天者小諫變色，大諫天動裂其身，諫而不從，因而消亡矣。三光小諫小事星變色，大諫三光失度無明，諫而不從，因而消亡矣。地也小諫動搖，大諫山崩地裂，諫而不從，因而消亡矣。五行小諫災生，大諫生東行蟲殺人，南行毒殺人，西行虎狼殺人，北行水蟲殺人，中央行吏民剋毒相賊殺人，諫而不從，因而消亡矣。四時小諫寒暑小不調，大諫寒暑易位，時氣無復節度，諫而不從，因而消亡矣。六方精氣共小諫亂覆數起，中有生蟲災，或飛或步，多雲風而不雨，空虛無實，大諫水旱無常節，賊殺傷萬物人民，諫而不從，因而消亡矣。飛步鳥獸小諫災人，大諫禽獸食人，蝗蟲大興起，諫而不從，因而消亡矣。鬼神精小諫微數賊病吏民，大諫裂死滅門，諫而不從，因而消亡矣。六方小諫風雨亂發狂與惡毒俱行傷人，大諫橫加絕理，瓦石飛起，地土上柱皇天，破室屋，動山阜，諫而不從，因而消亡矣。天地音聲之小諫，雷電小急聲，大諫人多相與汙惡，使霹靂數作，諫而不從，因而消亡矣。……天地六方八極大諫俱欲正河雒文出，天明證，天下瑞應書見，以諫正君王，天下莫不響應，諫而不從，因而消亡矣。」（頁98～100）
>
> 卷五十〈去邪文飛明古訣〉：「飛明者，三光之小者也，皆連於地下，乃上懸繫於天，其動與地人民萬物相應和，是要文之證也。」（頁170）〔註5〕

〔註5〕「飛明」所指爲何？由「飛明者，三光之小者也。」這句話，再加上楊寄林《《太平經》釋讀》中的注釋：「三光，日月星。小，僅次於的意思。《漢書・藝文志》載有《漢日旁氣行士占驗》、《漢日食月暈雜變行事占驗》、《漢五殘雜變星》、《漢五星彗客行事占驗》、《漢流星行事占驗》諸書，據此並揆之文義，這裡所謂飛明，可能是指十煇（日月蝕除外）、月暈、瑞星、妖星等天象。如十煇之二曰象，謂雲氣成形，象如赤鳥，夾日以飛之類。參見《周禮・春官・視祲氏》、《史記・天官書》、《晉書・天文志》。」（吳楓主編，《中華道學

卷八十六〈來善集三道文書訣〉：「三睹天流星變光，一者，見流星出天門，入地戶；再者，見流星出太陽，入太陰；三者，見列宿流入天獄中。……初始一流星出天門，入地戶。天門者，陽也，君也；地戶者，陰也，民臣也。今民臣其行不流而上附，返上施恩於下。夫門戶乃主通事，今下戶不上行，返上門通門而下，知爲下辭，會見斷絕，不得上行也。……二事：見太陽星乃流入太陰中。太陽，君也；太陰，民臣也。太陽，明也；太陰，闇昧也。今闇昧當上流入太明中，此比若民臣闇昧，無知困窮，當上自附歸明王聖主，求見理冤結。今反太明下入闇昧中，是象詔書施恩，下行者見斷絕，闇昧而不明，下治內獨亂而闇蔽其上也。又象比近下，所屬長吏，共蔽匿天地災變，使不得上通冥冥，與民臣共欺其上，共爲姦之證也。……三事：見列宿星流入天獄中。夫列宿者，善正星也，乃流入天之獄。獄者，天之治罪名處也，恐列士善人欲爲帝王盡力，上書以通天地之談，返爲閒野遠京師之長吏所共疾惡，後返以他事害之，故列宿乃流入獄中也。」（頁 312～313）又「今天下日蝕，極天下之大怪也，尚或有睹，或有不睹。天下之災異怪變萬類，皆天地陰陽之變革談語也。」（頁 321）

卷九十二〈萬二千國始火始氣訣〉：「一國有變，獨一國日不明，名爲蝕；比近之國，亦遙睹之，其四遠之國固不蝕也。斗極凡星不明，獨失其天意者不明，其四遠固不蝕。」（頁 368）又〈洞極上平氣無蟲重複字訣〉：「夫天地之性人爲貴，蟲爲至賤，反乃俱食人，是爲反正。象賤人無道，以蟲食人。故天深見其象，故使賢聖策之，改其正也。凡災異各以類見，故古者聖賢得知之。若不以類目，不可思策也。所以逃匿於內者，象下共爲奸，而不敢見於外。外者，陽也。陽者，天也，君也。天正帝王也。故蟲逃於內而竊食人，象無功之臣，逃於內而竊蠶食人也。」（頁 379）

卷一二〇至一三六〈太平經鈔〉辛部：「天地之間，凡事自有精神，

通典》，海口：南海出版公司，1994 年 4 月第一版，頁 350）與羅熾主編《太平經注譯・上》中的解說：「所謂飛明，就是僅次於日蝕月蝕和星掩的天體異常現象。」（重慶：西南師範大學出版社，1996 年 8 月第一版，頁 298）我們得知，所謂「飛明」，即當指古代十煇（不包括日月蝕）、月暈以及景星、周伯星等瑞星和流星、彗星等妖星所構成的罕見天象！

光明上屬天，爲星，可以察安危。天地之性，自有格法，六甲五行

四時節度，可以占覆未來之事，作救衰亂，防未然之事。」（頁685）

由上述引文，可知「災異」的種類繁多，計有：「天」、「地」、「日月星辰」、「天地音聲」、「六甲」、「五行」、「四時」、「鬼神精」、「飛蟲鳥獸」等。「天」以變色、天動裂示現，「地」以地震、山崩示現，「日月星辰」以日蝕、月蝕、流星變光示現，「天地音聲」以雷電霹靂示現，「六甲（六方）」以風雨狂亂示現，「五行」以蟲、虎狼、吏民殺人示現，「四時」以寒暑易節時氣不調示現，「鬼神精」以疾疫病死人示現，「飛蟲鳥獸」以災人、食人示現。

由於「天下之災異怪變萬類」，所以「凡災異各以類見，故古者聖賢得知之。若不以類目，不可思策也。」也就是說，由災異所示現的類別，我們便可以逆推災異的種類，觀察災異的種類，便可以得知上天所欲告知帝王、凡民之事。即：「夫天下變怪災異，皆象其事，法其行，緣類而生，眾賢共集議，思之曠然如其意，以其事類考問之，則得之矣。」（卷八十六〈來善集三道文書訣〉，頁326）

至於「瑞應」的種類，在《太平經》中並沒有系統的論述，僅說明「河雒文出」、「太平氣至」爲瑞應出的現象。在此，筆者認爲將上述「災異」的種類，由正面來敘述其示現的現象，應該就是《太平經》中所謂的「瑞應」表現。

3. 災異、瑞應的的功能

災異、瑞應除了傳達上天對帝王、凡民行爲得失的意見外，尚有以下的功能：

（1）示現帝王行事之方針

卷八十六〈來善集三道文書訣〉：「今太上中古以來，多失道德，反多以威武相治，威相迫協，有不聽者，後會大得其害，爲傷甚深，流子孫。故人民雖見天災怪答，駭畏其比近所屬，而不敢妄言，爲是獨積久，更相承負。到下古尤益劇，小有欲上書言事，自達於帝王者，比近持其命者輒殺之；不即時害傷，後會更相屬託而傷害之。故民臣悉結舌杜口爲喑，雖見愁冤，睹惡不敢上通。故今帝王聰明絕也，而天變日多，是明證效也。今民親得生於父母，受命於天地。以天地爲父母，見其有災變善惡，是天地之談話，欲有此言也。人尚皆駭畏，且見害於比近所繫屬者，不敢語言泄事，迺相敕教，共

背天地，與共斷絕，不通皇天后土所欲言也。共蔽冤天地，乃使其辭語不通，天地長懷恨悒而不達。」（頁 314～316）又「夫皇天有災怪變，非必常當處帝王之宅，縣官之庭，長吏之前也。災變異之見，常於曠野民間，庶賤反先知之也。各為其部吏諱，不敢言；吏復各為其君諱，而不敢言，反共斷絕天地談。人人欲譽其長吏，使其名善，而高功疾遷，共作無道，互天地之災異變怪，令閉塞不得通達帝王之前，使帝王無故斷絕，無聰明，不得天地心意，其治危亂難安，得愁苦焉。」（頁 320～321）又「今天下日蝕，極天下之大怪也，尚或有睹，或有不睹。天下之災異怪變萬類，皆天地陰陽之變革談語也。或國不睹而州睹，或州不睹而郡睹，或郡不睹而縣睹，或縣不睹而鄉亭睹，或鄉亭不睹而民間人睹，或甲里不睹而乙里睹。故古者賢聖之治，下及庶賤者，樂得異聞，以稱天心地意，以安其身也。故其治獨常安平，與天合同也。」（頁 321～322）又「夫大災異變怪者，是天地之大談也；中災異變怪者，是天地之中談也；小災異變怪者，是天地之小談也。……天地不妄欺人也。見大善瑞應，是其大悅喜也，見中善瑞應，是其中悅喜也，見小善瑞應，是其小悅喜也。見大惡凶不詳，是天地之大怒也；見中惡凶不詳，是天地之中怒也；見小惡凶不詳，是天地之小怒也。平平無善變，亦無惡變，是其平平，亦不喜，亦不怒。……記變怪災異疾病，大小多少，風雨非常，人民萬物所病苦大小，皆集議而記之。所以使其共記之者，吏自相知長短，民民自相知長短；迫進山阜而居者，知山阜變；近市城郭而居者，知市城郭變；近平土而居者，知平土變；近水下田而居者，知水下田變。高下外內，悉得知之，故無失也，是立致太平之術也。」（頁 323～324）又「所以悉記其災異變怪，大小善惡，外內遠近者，欲令上有德之君，與眾賢原其災異所起。夫天下變怪災異，皆象其事，法其行，緣類而生，眾賢共集議，思之曠然如其意，以其事類考問之，則得之矣。」（頁 326）

卷九十二〈萬二千國始火始氣訣〉：「故天地睹人有道德為善，則大喜；見人為惡，則大怒忿忿。」（頁 374）又〈洞極上平氣無蟲重複字訣〉：「夫天地之性人為貴，蟲為至賤，反乃俱食人，是為反正。象賤人無道，以蟲食人。故天深見其象，故使賢聖策之，改其正也。

凡災異各以類見，故古者聖賢得知之。若不以類目，不可思策也。
所以逃匿於內者，象下共為奸，而不敢見於外。外者，陽也。陽者，
天也，君也。天正帝王也。故蟲逃於內而竊食人，象無功之臣，逃
於內而竊蠶食人也。」（頁 379）

（2）規範帝王之立法、行事

十八至三十四〈行道有優劣法〉：「春王當溫，夏王當暑，秋王當涼，
冬王當寒，是王德也。夫王氣與帝王氣相通，相氣與宰輔相通，微
氣與小吏相通，休氣與後宮相同，廢氣與民相通，刑死凶氣與獄罪
人相通，以類遙相感動。其道也王氣不來，王恩不得施也。古者聖
王以是思道，故得失之象，詳察其意。王者行道，天地喜悅；失道，
天地為災異。夫王者靜思道德，行道安身，求長生自養。和合夫婦
之道，陰陽俱得其所，天地為安。」（頁 17）又「帝王思仁善者，
瑞應獨為其出，圖書獨為其生。」（頁 25）

卷四十三〈大小諫正法〉：「故不失皇天心，故能存其身，安其居，
無憂患，無危亡，凶不得來者。」（頁 100）又「故古者聖賢旦夕垂
拱，能深思慮，未嘗敢失天心也。」（頁 101）「故古者聖賢重災變
怪，因自以繩正，故萬不失一者。」（頁 102）

卷五十〈天文記訣〉：「是故古者聖賢帝王，見微知著，因任行其事，
順其氣，遂得天心意，故長吉也。逆之則水旱氣乖迕，流災積成，
變怪不可止，名為災異。」（頁 178）

卷五十四〈使能無爭訟法〉：「自古者諸侯太平之君，無有奇神道也，
皆因任心能所及，故能致其太平之氣，而無冤結民也。禍亂之將起，
皆坐任非其能，作非其事職而重責之，其刑罰雖坐之而死，猶不能
理其職務也。災變連起，不可禁止，因以為亂敗，吉凶安危，正起
於此。是以古者將為帝王選士，皆先問視，試其能，當與天地陰陽
瑞應相應和不？不能相應和者，皆為偽行。其相應和奈何，大人得
大應，小人得小應。風雨為其時節，萬物為其好茂，百姓為其無言，
鳥獸蚑行，為其安靜，是其效也。」（頁 204～205）

卷七十三至八十五〈闕題〉：「帝王行道德興盛，日大明，少道德少
明；皇后行道德，月大光明，少道德少光明；眾賢行道德，星曆大

耀，少道德少耀。四根俱行道德，天下安寧，瑞應出，大光遠。遙
睹觀天象，風雨時善，夷狄歸心，災害自消。」（頁303）

卷九十二〈三光蝕訣〉：「帝王多行道德，日月爲之不蝕，星辰不亂
其運。」（頁366）

卷一一七〈天咎四人辱道誡〉：「古者聖賢睹天意深，故常象天而爲
行，不敢失銖分也。故而常獨與天厚，得天心也。」（頁657）卷一
五四至一七〇〈神人眞人聖人賢人自占可行是與非法〉：「人君爲善
於內，風雨及時於外，故瑞應反從人胸中來。故有可欲爲，皆見瑞
應，何有不來者乎？夫至誠乃感皇天，陰陽爲之移動，誰往爲動者
乎？」「身形不能往動也。動也者，冥乃心中，至誠感天也。」（頁
719）

綜合上述，當「帝王其治不合」時，因而使凡民心有冤結而上呼天，「天」感
應人臣、凡民之冤後，便以「災異」示現帝王、凡民，這就是天地出現「災
異」的原因。而當帝王、凡民「行道德、用心端正清靜」，便能以「至誠」感
動上天而出現「瑞應」。而由「災異」與「瑞應」所示現的類別，我們便可以
逆推「災異」與「瑞應」的種類；觀察「災異」與「瑞應」的種類，便可以
得知上天所欲告知帝王、凡民之事。而「災異」與「瑞應」除了傳達上天對
帝王、凡民行爲得失的意見外，尚有「示現帝王行事之方針」與「規範帝王
之立法、行事」等功能！

在第三章時，筆者曾談及《太平經》產生的歷史背景，當時的東漢社會
正面臨一個天災人禍的局面。當時的皇帝，每逢水旱災、地震、蝗災及日月
之蝕與社會動亂時，便會下罪己詔，發一通「天人感應」的議論。如：

東漢明帝永平三年春正月癸巳，詔曰：「朕奉郊祀，登靈臺，見史官，
正儀度。夫春者，歲之始也。始得其正，則三時有成。比者水旱不
節，邊人食寡，政失於上，人受其咎。有司其勉順時氣，勸督農桑，
去其螟蜮，以及蟊賊；詳刑慎罰，明察單辭，夙夜匪懈，以稱朕意。」
（《後漢書》卷二，〈明帝紀〉，北京：中華書局，1997 年一版，頁
47）秋八月壬申晦，日有蝕之。詔曰：「朕奉承祖業，無有善政。日
月薄蝕，彗孛見天，水旱不節，稼穡不成，人無宿儲，下生秋墊。
雖夙夜勤思，而智能不逮。昔楚莊無災，以致戒懼；魯哀禍大，天
不降譴。今之動變，儻尚可救。有司勉思厥職，以匡無德。」（〈明

帝紀〉，頁 47）八年冬十月壬寅晦，日有蝕之，既。詔曰：「朕以無德，奉承大業，而下貽人怨，上動三光。日食之變，其災尤大。」（〈明帝紀〉，頁 48）

東漢章帝建初元年三月甲寅，山陽、東平地震。己巳，詔曰：「朕以無德，奉承大業，夙夜慄慄，不敢荒寧。而災異仍見，與政相應。」（《後漢書》卷三，〈章帝紀〉，頁 54）五月春二月庚辰朔，日有蝕之。詔曰：「朕新離供養，怨咎眾著，上天降異，大變隨之。」（〈章帝紀〉，頁 55）

東漢和帝永元六年春三月丙寅，詔曰：「朕以眇末，承奉鴻烈。陰陽不和，水旱違度，濟河之域，凶饉流亡，而未獲忠言至謀，所以匡救之策。寤寐永歎，用思恐疚。惟官人不得於上，黎民不安於下，有司不念寬和，而競為苛刻，覆案不急，以妨民事，甚非所以上當天心，下濟元元也。」（《後漢書》卷四，〈和帝紀〉，頁 65）

東漢安帝永初二年秋七月戊辰，詔曰：「昔在帝王，承天理民，莫不據璇機玉衡，以齊七政。朕以無德，遵奉大業，而陰陽差越，變異並見，萬民飢流，羌貊叛戾。」（《後漢書》卷五，〈安帝紀〉，頁 73）

東漢順帝陽嘉三年夏五月戊戌，制詔曰：「昔我太宗，丕顯之德，假於上下，儉以恤民，政致康乂。朕秉事不明，政失厥道，天地譴怒，大變仍見。春夏連旱，寇賊彌繁，元元被害，朕甚愍之。」（《後漢書》卷六，〈順帝紀〉，頁 87）

東漢桓帝建和三年夏四月丁卯晦，日有食之。五月乙亥，詔曰：「蓋聞天生蒸民，不能相理，為之立君，使司牧之。君道得於下，則休祥著乎上；庶事失其序，則咎徵見乎象。閒者，日食毀缺，陽光晦暗，朕祇懼潛思，匪遑啓處。」（《後漢書》卷七，〈桓帝紀〉，頁 94）冬十一月甲申，詔曰：「朕攝政失中，災眚連仍，三光不明，陰陽錯序。鑒寤寐歎，疢如疾首。」（〈桓帝紀〉，頁 94）

東漢的皇帝們對於當時頻繁疊起的自然災害感到惶恐不安，於是頻頻以「天人感應」的言論降詔以召告天下，其目的是要彌補過失，企圖求得上天的原諒，以此消除上天的譴告。其主要辦法有二：

其一，策免大臣以塞天咎。《後漢書》卷四十四，〈鄧張徐張胡列傳〉：「永

初元年，以定策功封安鄉侯，食邑千二百戶，與太尉徐防、司空尹勤同俱封。其秋，以寇賊水雨策免防、勤，而禹不自安，上書乞骸骨，更拜太尉。」（頁398）又安帝永初元年，「郡國被水災，比州湮沒，死者以千數。災異數降。西羌反畔，殺略人吏。京師淫雨，蟊賊傷稼穡。防（徐防）比上書自陳過咎，遂策免。」「其年以災異寇賊策免，就國。凡三公以災異策免，始自防也。」（頁398）此後，策免三公便成了皇帝應付災異的常用方法。

其二，就是一旦災異出現，便下詔賑貸貧困，察舉賢良，大赦天下以求得上天的寬恕。東漢安帝永初二年秋七月戊辰，詔曰：「昔在帝王，承天理民，莫不據璇機玉衡，以齊七政。朕以無德，遵奉大業，而陰陽差越，變異並見，萬民飢流，羌貊叛戾。夙夜克己，憂心京京。閒令公卿郡國舉賢良方正，遠求博選，開不諱之路，冀得至謀，以鑒不逮，而所對皆循尚浮言，無卓爾異聞。其百僚及郡國吏人，有道術明習災異陰陽之度璇機之數者，各使指變以聞。二千石長吏明以詔書，博衍幽隱，朕將親覽，待以不次，冀獲嘉謀，以承天誡。」（《後漢書》卷五，〈安帝紀〉，頁73）又五年二月戊戌，詔曰：「朕以不德，奉郊廟，承大業，不能興和降善，為人祈福。災異蜂起，寇賊縱橫，夷狄猾夏，戎事不息，百姓匱乏，疲於徵發。重以蝗蟲滋生，害及成麥，秋稼方收，甚可悼也。朕以不明，統理失中，亦未獲忠良以毗闕政。……其令三公，特進、侯、中二千石、二千石、郡守、諸侯相舉賢良方正，有道術、達於政化、能直言極諫之士，各一人及至孝與眾卓異者，并遣詣公車，朕將親覽焉。」（〈安帝紀〉，頁75）東漢順帝永建四年春正月丙寅，詔曰：「朕託王公之上，涉道日寡，政失厥中，陰陽氣隔，寇盜肆暴，庶獄彌繁，憂悴永歎，疢如疾首。……三朝之會，朔旦立春，嘉與海內洗心自新。期赦天下。從甲寅赦令已來復秩屬籍，三年正月已來還贖。其閻顯、江京等知識婚姻禁錮，一原除之。務崇寬和，敬順時令，遵典去苛，以稱朕意。」（《後漢書》卷六，〈順帝紀〉，頁85）又陽嘉三年夏五月戊戌，制詔曰：「昔我太宗，丕顯之德，假於上下，儉以恤民，政致康乂。朕秉事不明，政失厥道，天地譴怒，大變仍見。春夏連旱，寇賊彌繁，元元被害，朕甚愍之。嘉與海內洗心更始。其大赦天下，自殊死以下謀反大逆諸犯不嘗得赦者，皆赦除之。賜民年八十以上米，（人）一斛，肉二十斤，酒五斗；九十以上加賜帛，人二匹，絮三斤。」（〈順帝紀〉，頁87）東漢桓帝建和三年冬十一月甲申，詔曰：「朕攝政失中，災眚連仍，三光不明，陰陽錯序。監寤寐歎，疢如疾首。今京師廝舍，死者

相枕，郡縣阡陌，處處有之，甚違周文掩骴之義。其有家屬而貧無以葬者，給直，人三千，喪葬主布三匹；若無親屬，可於官壖地葬之，表識姓名，爲設祠祭。又徒在作部，疾病致醫藥，死亡厚埋藏。民有不能自振及流移者，稟穀如科。州郡檢察，務崇恩施，以康我民。」（〈桓帝紀〉，頁 94～95）

　　儘管東漢中晚期的皇帝們按照「天人感應」的模式作出了許多消災除厄的努力，但上天似乎並不體察他們的苦心，各種災異變怪依舊頻傳，由此導致了「天人感應」神學思想的瓦解。筆者認爲《太平經》的出現，且經文中大談天人感應與災異思想，其目的就是要重建「天人感應」模式的神學思想。或者可說，《太平經》試圖建立一種有別於傳統儒家式神學（董仲舒式的神學思想）的「道教式神學思想」！〔註6〕

第三節　《太平經》中的承負報應思想

　　在東漢中晚期時，當「天人感應」思想逐漸面臨瓦解之際，人們首先必須對日益頻繁、嚴重的自然災害作出一些解釋，而《太平經》在面對此問題時，仍是以「天人感應」這一思想爲基礎，認爲上天之所以降災，是由於長久以來帝王、凡民的諸多過失導致陰陽失調所造成的。爲此，《太平經》針對當時的自然災異、社會動亂及人多病死的現象，提出了「承負說」的災異解釋系統！

〔註 6〕當「天人感應」理論體系遭到瓦解之後，人們首先必須對日益頻繁的自然災害作出一種解釋，而《太平經》在對此問題的解釋上並沒有超出「天人感應」這一思維，其認爲自然災害的頻繁出現是由於人們「獲罪於天」所致。不過，《太平經》中的「天人感應」思想與董仲舒所建構的天人感應理論又存在著一些差異。董仲舒天人感應思想認爲，上天頻降自然災害，是對皇帝一人的譴告，是由於帝王爲政治國亂敗所造成的。而《太平經》則認爲，上天之所以降災，是由於長久以來凡民眾人的諸多過失導致陰陽失調所造成的，是長久積累的結果，並非帝王一人之過。爲此，《太平經》提出了「承負說」的災異解釋系統！因此，筆者認爲所謂「道教式神學思想」就是以「承負說」爲主的天人感應神學。而關於董仲舒「天人感應」思想的論述見於：(1)任繼愈主編，《中國哲學發展史・秦漢》，北京人民出版社，1985 年 2 月，頁 321～358；(2)羅光，《中國哲學思想史・兩漢、南北朝篇》，台灣學生書局，1985 年 8 月，頁 187～199；(3)金春峰，《漢代思想史》，北京：中國社會科學出版社，1987 年 4 月，頁 146～176；(4)祝瑞開，《兩漢思想史》，上海古籍出版社，1989 年 6 月，頁 116～133；(5)徐復觀，《兩漢思想史・卷二》，台灣學生書局，1993 年 9 月，頁 370～420。

一、承負的淵源與涵意

「承負說」是《太平經》中特有的善惡報應思想。一些治道教哲學、道教史與中國哲學史的學者們，在論述「承負」這一命題時，大致的論述方向皆圍繞著──「何謂承負」與「如何消解承負」，這兩個方向打轉，而甚少提及此兩個方向以外的論述（如：承負的淵源、種類、範圍、時限等）。〔註7〕

大陸學者湯用彤先生在其〈讀《太平經》書所見〉一文中，認為「承負說」是在《易傳‧坤卦‧文言》中「積善之家，必有餘慶；積不善之家，必有餘殃」的善惡報應思想的基礎上發展而來，且又認為「承負說」為「中土典籍所不嘗有」，因此疑其是「比附佛家因報相尋之義」（〈讀《太平經》書所見〉，北京大學《國學季刊》五卷一號，1935年，頁28）。換句話說，湯先生認為「承負說」是源於佛教的因果報應說。不過，這種說法是令人較難信服的，乃因湯先生並無法提出更為有力的直接證據來證明「承負說」實際是源於佛教的因果報應說。因此，湯氏之言便純屬於個人的臆測之辭。而不贊成湯氏之說的人卻遇到相同的窘境──其亦是無法提出更為有力的直接證據來證明「承負說」實際是中國本土固有的思想。因此，關於「承負說的淵源」這一問題，仍舊無法得到較為合理的解答。

（一）承負說的淵源

造成「承負說」來源不明的原因有二，其一是：即如湯用彤先生所云承負說「為中土典籍所不嘗有」。也就是說，在《太平經》之前、同時與之後的現世典籍中，並未有「承負」一詞出現，因此就無法得知其淵源與發展。其二是：因為《太平經》一書成書的內容來源駁雜，且並無法一一得知其來源的全貌。也就是說，比如就《太平經》卷九十一〈拘校三古文法〉中的一段交代該書內容來源的話所云：

〔註7〕這些治道教哲學、道教史與中國哲學史的學者，如：(1)任繼愈主編，《中國道教史‧上》台北：桂冠，1991年10月初版，頁25；任繼愈主編，《中國哲學發展史‧秦漢》，北京人民出版社，1985年2月第一版，頁673。(2)李養正，《道教概論》，北京：中華書局，1989年2月第一版，頁240～241。(3)李剛，《漢代道教哲學》，四川：巴蜀書社，1995年5月第一版，頁150。(4)王鐵，《漢代學術史》，上海：華東師範大學，1995年12月第一版，頁149～150。對於「承負」這個命題的論述皆不出「何謂承負」與「如何消解承負」這兩個方向。不過，也有例外的，如：湯一介，《魏晉南北朝時期的道教》，台北：東大，1991年4月再版，頁364～373中，除了上述的兩個方向外，另外又提及「承負的種類」與「承負的根據」兩項。

> 天師之書，乃拘校天地開闢以來，前後賢聖之文，河雒圖書神文之
> 屬，下及凡民之辭語，下及奴婢，遠及夷狄，皆受其奇辭殊策，合
> 以爲一語，以明天道。（頁348）

這段話，指出了《太平經》內容的四個來源。所謂「前後賢聖之文」即書中
有關墨家的天志、老莊的守一與儒家的忠孝等學說；而所謂「河雒圖書神文
之屬」即是書中的關於陰陽五行、讖緯、符籙等說法；又所謂「遠及夷狄」，
或許就如湯用彤先生所云，指一些外來因素如疑似佛教的思想；而所謂「下
及凡民之辭語，下及奴婢」，當是指來自社會下層的「巫覡雜語」及其所反映
的習俗與觀念〔註8〕。不過，由於現存的兩漢人著述中反映民間社會習俗及觀
念的材料極爲貧乏，所以對於《太平經》中的凡民、奴婢之辭語（如刺喜、
社謀、洋神與家先等），便難以進行有效的研究。〔註9〕

　　對於「承負」一詞，是否可能爲漢代民間社會下層的「巫覡雜語」這一
問題，近人劉昭瑞先生利用近年來考古發現的大量戰國、秦、漢出土的文字
材料——特別是鎮墓文、方術材料，爲我們解開了「承負說」來源之謎及認
識了該說在東漢民間社會流行的情況。在其〈《太平經》與考古發現的東漢鎮
墓文〉一文中，作者從語意比較、語言環境與古音韻學等角度，論證了《太
平經》的「承負」與出土於東漢中、晚期之中、小型墓葬中的鎮墓文材料裡
的「重复」一語相當。而《太平經》中的解除「承負」觀念，正是鎮墓文中
的解除「重复」觀念的放大（《世界宗教研究》，1992年第四期，頁111～114）。
在確定《太平經》中的「承負」即鎮墓文中的「重复」後，劉先生又在其〈承
負說緣起論〉一文中，論述與「承負說」有著更爲直接淵源關係的戰國晚期
業已形成並且在西漢時頗爲流行的「三命說」，認爲「三命說」直接影響「承
負說」的興起（《世界宗教研究》，1995年第四期，頁102）。同時更認爲：東
漢鎮墓文中的「重复」是由先秦時的「复」發展而來的，它們同是建立在死

〔註8〕　關於《太平經》成書內容的四個來源的說法，筆者是參考了劉昭瑞先生的說
　　　　法。詳細論述見於：劉昭瑞撰，〈承負說緣起論〉一文，刊於《世界宗教研究》，
　　　　1995年第四期，頁101。

〔註9〕　筆者之所以認爲：《太平經》一書成書的內容來源駁雜，且並無法得知其來源
　　　　的全貌，爲造成「承負說」來源不明的原因之一；乃是有所懷疑在《太平經》
　　　　的凡民、奴婢之辭語中，存有大量漢代民間社會下層的「巫覡雜語」，而這些
　　　　材料或許就是「承負」一詞的來源。而關於「刺喜」、「社謀」、「洋神」、「家
　　　　先」的記載見於《太平經合校》卷七十一〈眞道九首得失文訣〉，頁282～
　　　　284。

者魂神化而爲鬼作祟於生人這一觀念基礎之上的。這一觀念廣泛流傳在先秦及秦、漢民間社會，而《太平經》的「承負說」正是對「復」與「重復」說的繼承和改造（頁 103～106）。也就是說，「承負說」實際是緣起於秦漢時的一種解謫方術。（頁 100）

對於上述劉先生「承負說淵源」的說法，筆者認爲：「承負說」既爲「中土典籍所不嘗有」，且歷來的研究者皆無法對「承負說淵源」這個問題提出更爲有力的直接證據來證明其出處；而劉昭瑞先生在此提出比較有力的直接證據來，所以在還沒有對「承負說淵源」的其他說法出現時，劉氏「承負說淵源」的看法是值得相信與參考的！

（二）何謂「承負」

《太平經》中關於「承負」一詞有兩種解釋：其一是，卷三十九中〈解師策書訣〉所云：

> 然，承者爲前，負者爲後；承者，乃謂先人本承天心而行，小小失之，不自知，用日積久，相聚爲多，今後生人反無辜蒙其過謫，連傳被其災，故前爲承，後爲負也。負者，流災亦不由一人之治，比連不平，前後更相負，故名之爲負。負者，乃先人負於後生者也。（頁70）

這句話意思是說，前人有過失遺其後果於後代子孫爲「負」，後代子孫承受前人過失的後果爲「承」。換句話說，就後生人即子孫的立場來說，子孫必須承受祖先行爲所遺留的後果，就是「承」；若就祖先的立場上說，則祖先的行爲可能爲後代子孫帶來相應的禍福，就是「負」。

其二是，卷七十三至八十五〈闕題〉所云：

> 元氣恍惚自然，共凝成一，名爲天也；分而生陰而成地，名爲二也；因爲上天下地，陰陽相合施生人，名爲三也。三統共生，長養凡物名爲財，財共生欲，欲共生邪，邪共生奸，奸共生猾，猾共生害而不止則亂敗，敗而不止不可復理，因窮還反其本，故名爲承負。（頁305）

意思是說，天地人三統共生，長養財物，欲多則生奸邪，害而不止便生亂敗，不可復理便還返於本，復歸於元氣恍惚。而這樣的自然循環也叫作「承負」。

上述兩種「承負說」的說法，前者是就一個家族內祖先與子孫的福禍關係而言。而後者是指整個自然與社會的循環、變化而言。

（三）「承負」的種類

既然「承負說」分成了個人家族與自然社會兩項，那麼「承負」的種類也就不出這兩個範圍。在《太平經》中關於「承負」種類的記載最詳盡的是在卷三十七〈五事解承負法〉中，其在天師與弟子的對談中，因「具說天下承負，乃千萬字尚少也」，於是天師便「爲子舉其凡綱」而分成了五點加以敘述（頁 58～59）。經筆者歸納後分成四點來說明：

1. 人受天地承負

> 天地生凡物，無德而傷之，天下雲亂，家貧不足，老弱飢寒，縣官無收，倉庫更空。此過乃本在地傷物，而人反承負之。（頁 58）

這是說，天地有了過失，而人們反無辜深受其災害。

2. 後人受前人邪說承負

> 今一師說，教十弟子，其師說邪不實，十弟子復行各爲十人說，已百人僞說矣；百人復行各爲十人說，以千人邪說矣；千人各教十人，萬人邪說矣；萬人四面俱說，天下邪說。……此本由一人失說實，乃反都使此凡人失說實核，以亂天正文，因而移風易俗，天下以爲大病，而不能相禁止，其後者劇，此即承負之厄，非後人之過明矣。後世不知其所由來者遠，反以責時人，故重相冤也；復爲結氣不除，日益據甚，……是即承負空虛言之責也。（頁 58）

這是說，前人邪說不實，經其弟子十傳百，百傳千，而後人深受空虛、不實之言的冤結，而產生承負之責。

3. 人受自然災害承負

> 南山有毒氣，其山不善閉藏，春南風與風氣俱行，乃蔽日月，天下被其咎，傷死者積眾多。此本獨南山發泄氣，何故反使天下人承負得病死焉？時人反言猶惡，故天則殺汝，以過其人，曾不冤乎哉？此人無過，反承負得此災，魂神自冤，生人復就過責之，其氣冤結上動天，其咎本在山有惡氣風，持來承負之責如此矣。（頁 59）

這是說，人遭受自然災害（南山毒氣）而死，而當世之人冤枉其人作惡，故受到天譴；所以加以指責其罪過，於是形成承負之責。

4. 自然界現象之承負

> 南山有大木，廣縱覆地數百步，其本莖一也。上有無皆之枝葉實，

其下根不堅持地，而爲大風雨所傷，其上億億枝葉實悉傷死亡，此
即萬物草木之承負大過也。其過在本不在末，而反罪末曾不冤結耶？
今是末無過，無故被流災得死亡。夫承負之責如此矣。（頁 58～59）

這是說明自然界中的自然現象（樹爲大風所折傷），仍然存在有承負之責。

5. 後代君王受前代君王承負

除此之外，在卷三十七〈試文書大信法〉中，亦存在另外一種承負：

今先王爲治，不得天地心意，非一人共亂天也。天大怒不悅喜，故
病災萬端，後在位者承負之。（頁 54～55）

這是說明，後一代君王受前一代君王所承負，即今受古承負之責。

6. 後人受前人承負

又，分別在卷三十七〈試文書大信法〉與卷一〇八〈災病證書欲藏訣〉
中，亦存在另外一種承負：

比若父母失至道德，有過於鄰里，後生其子孫反爲鄰里所害，是即
明承負之責也。（頁 54）

夫先人但爲小小誤失道，行有之耳，不足以罪也。後生人者承負之，
畜積爲過也。（頁 515）

這是說，後人得到惡報，是先人的過錯一點一滴累積而來的。

上述六項種類的「承負」中，1.、3.、4.三項屬於自然界中自然現象的循
環、變化範圍。而 2.、5.、6.三項則是屬於個人家族與社會、國家的範圍。

（四）「承負」的範圍與時限

關於「承負」的範圍與時限，依卷十八至三十四中〈解承負訣〉所云，
主要是與個人家族及社會、國家有關：

能行大功萬萬倍之，先人雖有餘殃，不能及此人也。因復過去，流
其後世，成承五祖。一小周十世，而一反初。……承負者，……帝
王三萬歲相流，臣承負三千歲，民三百歲。皆承負相及，一伏一起，
隨人政衰盛不絕。（頁 22）

這是說承負的範圍是：自身要前承五代祖先，後負於五代子孫，前後共十代
爲一個承負周期，而這一小周期爲十世共三百歲（一世爲三十歲）。而承負的
時限是君臣民各不相同的，在上位者如有過失，其造成的影響是比平民還要
大，所以在上位者的承負時限是較平民百姓來的久。因此其承負的時限依次

是：君王三萬歲、大臣三千歲與平民三百歲（符合一的承負周期歲數）。

由上述，我們已經得知承負的「定義」、「種類」、「範圍」與「時限」。接下來我們不禁要問的問題是：

其一，「誰來保證與主宰『承負報應』的實現？」關於這個問題，我們試著來看《太平經》中的說法：

> 卷一一○〈大功益年書出歲月戒〉：「天（天君）遣神往記之，過無大小，天皆知之。簿疏善惡之籍，歲日月拘校，前後除算減年；其惡不止，便見鬼門。」（頁 526）

> 卷一一一〈大聖上章訣〉：「天君日夜預知，天上地下中和之間，大小乙密事，悉自知之。諸神何得自在乎？故記首尾善惡，使神疏記。天君親隨月建斗綱傳治，不失常意，皆修正不敢犯之。」（頁 544～545）

> 卷一一四〈不用書言命不全訣〉：「天稟人壽，不可再得，作惡年減，何有相益時乎？」（頁 615）又〈病歸天有費訣〉：「天常為其上，司人是非，使神往來，知人所為，善惡輒白，何有失者。」（頁 619）

由上述引文，我們得知：人格神的「天」（天君）主宰人的壽命賞罰，因此「承負報應」的主宰者應該就是「天君」！

其二，「天君是如何得知人的行為善惡，以確定執行賞善罰惡？」《太平經》中提出，天君派遣「身中神」來監督人的言行之說法：

> 卷十八至三十四〈錄身正神法〉：「為善亦神自知之，惡亦神自知之。非為他神，乃身中神也。夫言語自從心腹中出，傍人反得知之，是身中神告也。」（頁 12）

> 卷一一一〈大聖上章訣〉：「心神在人腹中，與天遙相見，音聲相聞，安得不知人民善惡乎？」（頁 545）

> 卷一一二〈寫書不用徒自苦誡〉：「司命，近在胸心，不離人遠人，為精神舍宅。」（頁 572）又「神在中守，司人善惡。何須遠慮，七政司候神門戶。」（頁 577）

> 卷一一四〈見誡不觸惡訣〉：「司命，近在胸心，不離人遠，司人是非，有過輒退，何有失時，輒減人年命。」（頁 600）

由於「身中神」司人功過，上報於天君；因此，人們的行為善惡幾乎無法逃

離天君的耳目。換言之，天君能夠對人的善惡無所不知；如此，天君便能公平的對人行使賞善罰惡。

其三，「後代子孫爲什麼必須承負先人所造惡因的惡果？」就善惡報應的理論來說，它要能夠達到道德教化的意義，則「行爲者」的善惡行爲與「受報者」的禍福賞罰，兩者必須是具有一致性的。它含有兩層意義：(1)行爲者與受報者之間的一致性；(2)行爲與報應間必須具有「等量」的一致性。換言之，祖先的行爲善惡，要由子孫來承負福禍的報應，子孫們是否也可以大聲疾呼「爲什麼我們必須承擔先人所造惡業的惡果？」祖先們也可以放心的爲非作歹，「反正惡果不一定由我來承擔，反正有後世子孫來承擔；而且這個後世在時間的無限延伸下，可能不知要多少世？」因此，承負說必須說明：祖先與子孫間的關係，並證明他們是有一致性的，如此承負說才有道德教化上的意義。

關於這個問題，有些學者從中國自古就非常重視血源關係的觀點，認爲周代建立的「宗法制度」，以嫡長子繼承代替商代的兄終弟及，由此建立了以父子軸爲中心的血緣關係網絡，父子相繼，因而推及祖先與子孫間的一致性。而承負說即在這種文化情境中，建立了它的報應說的合理性。〔註10〕

對於這個說法，筆者認爲其不失爲一種合理的解釋。不過，《太平經》中亦存在另外一種說法，即：「生命一世說」。《太平經》認爲一個人只有一次生命，沒有輪迴轉世的思想。卷七十二〈不用大言無效訣〉：「人居天地之間，人人得壹生，不得重生也。」（頁 298）又「凡天下人死亡，非小事也，壹死，終古不得復見天地日月也，脈骨成塗土。」（頁 298）故「凡人壹死，不復得生也。」（頁 298）這樣的「一次生命觀」，就決定了祖先的善惡行爲不能在生時得到相應一致性、等量的報應，就只有累積下來，遺留給他的子孫們一途了！

由「宗法制度」中的血緣關係，再加上「一次生命觀」的觀點，由此便

〔註10〕認爲《太平經》中「後代子孫必須承負先人所造惡因的惡果」的這個說法，與中國的「宗法制度」存在有一定的關係的學者有：(1)陳靜，〈《太平經》中的承負報應思想〉，《宗教學研究》，1986 年二期，頁 38；(2)劉仲宇，〈《太平經》與《周易參同契》〉，收載於：牟鍾鑒等著，《道教通論──兼論道家學說》，山東齊魯書社，1991 年，頁 351；(3)林惠勝〈《太平經》中的承負說〉，載於：龔鵬程主編，《海峽兩岸道教文化學術研討會論文‧上冊》〈承負與輪迴──報應理論建立的考索〉，台灣：學生書局，1996 年 10 月，頁 277。

爲「後代子孫爲什麼必須承負先人所種之因」的這個問題，提供較爲合理的解答來！

二、爲什麼會產生承負之責

對於爲什麼會有「承負」的產生，《太平經》中有兩種說法：

（一）個人行為的善惡而生承負

> 卷三十七〈試文書大信法〉：「凡人所以有過責者，皆由不能善自養，悉失其綱紀，故有承負之責也。比若父母失至道德，有過於鄰里，後生其子孫反爲鄰里所害，是即明承負之責也。」（頁 54）又「是故古者大賢人本皆知自養之道，故得治意，少承負之失也。其後世學人之師，皆多絕匿其眞要道之文，以浮華傳學，違失天道之要意。令後世日浮淺，不能善自養自愛，爲此積久，因離道遠，謂天下無自安全之術，更生忽事反鬥祿，故生承負之災。」（頁 55）

這是說，個人的行爲因爲「不能善自養自愛」所以「悉失綱紀」以及「違失天道之要意」，因而產生「承負之災」。

（二）國家社會運行的治亂而生承負

> 卷三十六〈事死不得過生法〉：「下古復承負中古小失，增劇大失之，……陰強陽弱，厭生人，臣下欺上子欺父，王治爲其不平，而民不覺悟，故邪日甚劇，不復拘制也。」（頁 52）

> 卷四十八〈三合相通訣〉：「中古以來，多失治之綱紀，遂相承負，後生者遂得其流災尤劇，實由君臣民失計，不知深思念，善相愛相通，并力同心，反更相愁苦……災變怪異，委積勿而不除。天地所欲言，人君不得知之，大咎在此，不三并力，聰明絕，邪氣結不理。上爲皇天大仇，下爲地大咎，爲帝王大憂，災紛紛不解，爲民大害，爲凡物大疾病，爲是獨積久矣。」（頁 151）

這是說，衰亂之世的造成有兩個原因：一是中古以來政綱之失所承負的餘殃；二是當世「君臣失計」，不能「并力同心」，斷滅承負而致太平，而使衰亂愈演愈劇。

三、如何消解承負之厄

既然後代子孫一出生就必須「承負」前代祖先的罪過（類似於原罪論），

因此《太平經》便提出解除「承負」之責的幾種方法：

（一）有天師、真人出世

卷三十七〈五事解承負法〉：「師既爲皇天解承負之仇，爲后土解承負之殃，爲帝王解承負之厄，爲百姓解承負之過，爲萬二千物承負之責。」（頁 57）

卷三十九〈解師策書訣〉：「吾迺上辭於天，親見遣，而下爲帝王萬民具陳，解億萬世諸解承負之謫也。」（頁 64）

卷四十一〈件古文名書訣〉：「吾迺爲天地談，爲上德君制作，可除天地開闢以來承負之厄會。」（頁 83～84）又「今吾迺見遣於天下，爲大道德之君解其承負，天地開闢以來，流災委毒之謫。」（頁 85～86）

卷四十九〈急學真法〉：「今吾乃爲天談，當悉解天地開闢以來承負之責。」（頁 163）又「天使吾出書，爲帝王解承負之過。」（頁 165）

卷六十五〈斷金兵法〉：「惟天師迺爲帝王解先人流災承負，下制作可以興人君，而悉除天下之災怪變不祥之屬。」（頁 224）

卷六十九〈天讖支干相配法〉：「諸真人乃遠爲天來問事，爲德君帝王解承負之害。」（頁 269）

卷七十二〈齋戒思神救死訣〉：「帝王當垂拱而無憂。故天遣諸真人來具問至道要，可以爲大道德明君悉除先王之流災承負。」（頁 291）

卷八十八〈作來善宅法〉：「子乃爲皇天后土除病，爲帝王除災毒承負之厄會。」（頁 333～334）

卷九十一〈拘校三古文法〉：「誠知天愛是正言正文正辭，所以大疾是邪言邪辭邪文者，正知天地大怨咎之，以是敕吾，使吾下校，去是怨咎與賊，以安有道德之國，以長解天地開闢已來承負之謫。」（頁 360～361）

卷九十三〈國不可勝數訣〉：「真人今既爲天地除病，爲德君除承負。」（頁 393）

卷一〇二〈神人自序出書圖服色訣〉：「今天悉使吾爲帝王人民具出

陳承負之責會也。」（頁461）

（二）行、讀《太平經》

卷三十七〈五事解承負法〉：「行，歸思其要，以付有德君，書要爲解承負出。」（頁61）

卷四十〈努力爲善法〉：「子但急傳吾書道，使天下人得行之，俱思其身定精，念合於大道，且自知過失所從來也，即承負之責除矣。」（頁74）

卷四十九〈急學眞法〉：「天使吾出書，爲帝王解承負之過。」（頁165）

卷六十七〈六罪十治訣〉：「今天當以（《太平經》）解病而安帝王，令道德君明示眾賢，以化民間，各自思過，以解先人承負之謫。」（頁255）

卷九十二〈萬二千國始火始氣訣〉：「故承負之責最劇，故使人死，惡不復分別也。大咎在此。故吾書應天教，今欲一斷絕承負責也。」（頁370）

卷九十六〈守一入室知神戒〉：「是文（《太平經》）乃天所以券正凡人之心，以除下古承負先人之餘流災，以解天病，以除上德之君承負之謫也。」（頁410）

卷一○二〈神人自序出書圖服色訣〉：「天地開闢以來，帝王更相承負愁苦，天災變怪訖不絕，何以除之。又群神無故共害人，人不得竟其年命，以何止之。……乃以書（《太平經》）前後付國家，可以解天地初起以來更相承負之厄會也。」（頁459～460）

（三）行太平真道

卷三十九〈解師策書訣〉：「得行此道者，承負天地之謫悉去。」（頁68）又「持此道急往付歸有道德之君，可以消去承負之凶。」（頁68～69）

卷四十二〈九天消先災法〉：「此九人俱守道，承負萬世先王之災悉消去矣。」（頁90）又〈驗道眞僞訣〉：「自行此道之後，承負久故

彌遠。」（頁 92）

卷九十二〈萬二千國始火始氣訣〉：「或有得眞道，因能得度世去者，是人乃無承負之過」（頁 372）

（四）行三道文書

卷八十六〈來善集三道文書訣〉：「三道行書已通，無敢閉絕者也。如是則天地已悅矣，帝王承負之災厄，已大除矣。」（頁 319）

卷一○二〈經文部數所應訣〉：「故教其吏民大小，俱共上書（三道文），以通天氣，以安星曆，以除天病以解帝王承負之責。」（頁 467）

（五）自念自責己過

卷一一○〈大功益年書出歲月戒〉：「努力自念，從生以來，功效所進，解先人承負，承負除解過盡。」（頁 536）

卷一一一〈善仁人自貴年在壽曹訣〉：「有錄籍之人當見升，自責承負，大神遣大神除承負之數。」（頁 561）

（六）行大功

卷十八至三十四〈解承負訣〉：「能行大功萬萬倍之，先人雖有餘殃，不能及此人也。」（頁 22）

（七）守　一

卷三十七〈五事解承負法〉：「欲解承負之責，莫如守一。」（頁 60）

（八）君王得此九人

卷四十二〈九天消先災法〉：「得此九人（無形神人、大神人、眞人、仙人、大道人、聖人、大賢人、凡民、奴婢），能消萬世帝王承負之災。」（頁 90）

（九）誦師策文

卷三十九〈解師策書訣〉：「誦之（師策文）不止，承負之厄大小，悉且已除矣。」（頁 64）

以上九項，便是《太平經》中解除承負之厄的九種方法！由於，解除承負之厄的方法中，著重在「有天師、眞人出世」、「行、讀《太平經》」與「行太平眞道」三項，因此再次證明《太平經》的寫作動機是：救治當時危亂災異的

東漢社會，以期能解除帝王、凡民的承負之責！

第四節 本章小結

從對於《太平經》中「神」之定義與種類的說明，再加上《太平經》試圖建立自己的神仙體系，以及對天君與諸神人職掌與工作的陳述，我們可以說《太平經》中已初步建立一個「神仙世界」。神仙世界中的天君與諸神人，利用「氣」與「身中神」這兩個媒介，來感應人間之事。並以「災異」、「瑞應」的形式對帝王、凡民作出示現，更以「承負報應」思想來解說自然災異發生的原因。而人在面對天時，只要用心清靜、專一，多行道德仁義，就能以至誠感動上天而得到瑞應。如此，天與人相互感應，而形成「天人一體」的神學思想。〔註11〕

〔註11〕《太平經》是一部「受天之神書」，全書充斥著神人、真人、天師與弟子之間的對話，是一部屬於「宗教神書」性質的「神書」；因此，「神學思想」應在《太平經》中佔有相當的比重。但，由於「意識形態」（ideology）的關係，大陸學者對於《太平經》的「神學思想」部分，多以「唯心主義神學」來交代，而甚少作出系統的論述。而王平先生《太平經研究》一書，可說是六十餘年來《太平經》研究歷史中最完整的一本著作。其書共分七章，分別是：文獻考辨、思想要覽、治國思想研究、治身思想研究、基本哲學範疇剖析、主要哲學學說與思想的基本傾向。其中除了對《太平經》文獻所作的一些補充說明外，全書著重在探討《太平經》的寫作意旨，思想內涵以及根本傾向，是屬於對《太平經》思想本身的專題性研究著作。不過由於意識形態（ideology）的限制，其仍不能擺脫「唯物主義」、「無神論」的論調，而對所謂「唯心論」與「宗教神學」部分加以刻意的忽視與簡化。於此，不難看出「唯物主義」、「無神論」作祟的現象存在。因此，一部「宗教神學」性質的「神書」卻被其從「純哲學」與「無神論」的立場來加以分析，在馬克思歷史唯物主義無神論的前提下，硬是將一部屬於「宗教神學」性質的「神書」，曲解地從「社會階級矛盾」與「經濟平均分配」的角度來論述，如此地研究方法與路徑，在方法學上不能說不是一種謬誤！